Bruder Jakobus

Der Weg zu dir selbst

HERDER spektrum

Band 5944

Über das Buch

Pilgern, das heißt in der Fremde sein Heil suchen. Gerade heute erlebt das Pilgern eine neue Blüte. Dem Bedürfnis nach Ruhe und Stille, nach meditativer Selbstbesinnung und individueller Neuorientierung entspricht die große Zahl der Wallfahrtsorte, an deren erster Stelle Santiago de Compostela steht.
In seinem Buch fasst Bruder Jakobus seine langjährigen Erfahrungen als Pilgerbegleiter und Pilgerführer zusammen. Impressionen und praktische Tipps gehen Hand in Hand mit spirituellen Anregungen, Gedanken und Gebeten und lassen so ein kleines Pilgerbrevier entstehen, das leicht in jeden Rucksack passt und sich auch vorzüglich zur Vorbereitung auf die eigene Pilgerwanderung eignet.

Über den Autor

Bruder Jakobus Kaffanke OSB ist seit 24 Jahren Mönch der Benediktiner Erzabtei St. Martin in Beuron an der Oberen Donau. Er pilgerte in zehn Jahren mit einer Gruppe von Beuron nach Santiago. Die von ihm gegründete Beuroner Jakobspilgergemeinschaft ist assoziiert mit der Jakobsbruderschaft von Santiago de Compostela und stellt Pilgerausweise aus. Er schilderte Pilgerwege zwischen Tübingen und Konstanz aus, auf denen verschiedene Pilgereien angeboten werden. Informationen : www.via-beuronensis.de

Bruder Jakobus

Der Weg zu dir selbst

Das kleine Buch des Pilgerns

HERDER

FREIBURG · BASEL · WIEN

Abbildungsnachweis:
Abb. S. 137 © Rolf Hesse
Alle anderen Abbildungen © Bruder Jakobus Kaffanke OSB

Originalausgabe

© Verlag Herder GmbH, Freiburg im Breisgau 2010
Alle Rechte vorbehalten
www.herder.de

Umschlagkonzeption und -gestaltung:
R·M·E Eschlbeck / Hanel / Gober
Umschlagmotiv: © Jahreszeiten Verlag / Janne Peters
Foto des Autors: © privat

Herstellung: fgb · freiburger graphische betriebe
www.fgb.de

Gedruckt auf umweltfreundlichem, chlorfrei gebleichtem Papier
Printed in Germany

ISBN 978-3-451-05944-5

Inhalt

Vorneweg

Ein Büchlein über das zehnjährige Pilgern auf dem großen Jakobsweg von Deutschland durch die Schweiz und Zentralfrankreich nach Spanien zu schreiben, fiel mir nicht leicht. Ich bin diesen über 2000 Kilometer langen Weg mit einer Gruppe von Pilgerinnen und Pilgern gegangen, die wesentlich zu meinen Erfahrungen beigetragen haben und die in diesem Büchlein auch ihren angemessenen Platz finden. Ich danke ihnen für ihre Bereitschaft, auf unseren jährlichen Pilgerbericht über all unsere Wegerfahrungen, die oft sehr persönlich geprägt sind, zurückgreifen zu dürfen. Viele der folgenden Impressionen sind ihren Notizen entnommen. Besonders danke ich Heide und Helmut Schmid, die mich engagiert unterstützten, und Elisabeth Claudy, die wie schon in so vielen Fällen eine Hauptlast der Schreibarbeiten auf sich nahm. Ohne sie alle wäre das Buch nicht entstanden.

Zu danken habe ich auch meinem Kloster, für die Gelegenheit, auf die große Jakobuswallfahrt zu gehen, sowie Herrn Meyer vom Verlag Herder für seine geduldige Begleitung. Gewidmet sei das Büchlein denjenigen, die den Ruf von Santiago gehört haben, dass sie ihn angemessen beantworten können.

Br. Jakobus Kaffanke OSB

Jakobsweg

Weg. Chemin. Camino.
Zwei Schritte breit,
bergauf, bergab,
immer neue Horizonte übersteigend
über Brücken und Pässe.

In der Kühle des Morgens,
in Nebel und Regen
und in der Hitze des Mittags.

Camino,
du führst mich
nach Sant'Iago aufs Sternenfeld.
Du Sternenweg zum heiligen Jakobus,
Apostel des HERRN und
Zeuge der Auferstehung.

Weg,
der mich führt
zu dem,
der sagte:
Ich bin der Weg.

1. Aufbruch – Via illuminativa

Wann beginnt der Jakobsweg?

Wer sich auf den Weg nach Santiago begibt, den Camino zum »wahren Jakob« im Nordwesten Spaniens, für den verbünden sich Glaubensgeist und Körperkraft, um das gewählte Ziel zu erreichen. – Aus einer noch unbenannten Sehnsucht, die aufleuchtet, sobald Santiago angesprochen wird, wird womöglich eine Glaubensgeschichte werden, die viele Jahre, ja Jahrzehnte unterschwellig schmoren und »verkochen« kann. – In dieser Zeit sind die geistigen Energien und Kräfte eher »eigenwillig«, egozentrisch fixiert. Der Leib geht dabei seine eigenen Wege, seine Kräfte sind noch nicht geistlich geordnet und gerichtet. Dabei entwickeln sich die körperlichen Antriebskräfte entweder überstark und unkontrolliert oder werden unterdrückt und »abgetötet«. Beide Weisen, den menschlichen Körper mit dem Geist zu verbinden, sind noch nicht gelungen, führen so zu Gefühlen des »Nicht-in-Ordnung-Seins«, zu persönlichen und sozialen Konflikten.

Die Harmonisierung von Geist und Körper bringt eine neue Qualität mit sich, die ich Geistleib nennen möchte. Dieser Geistleib reift über verschiedene Entwicklungsstufen bis hin zum Auferstehungsleib, der von Anfang an als Potential in uns angelegt ist. Der Kernpunkt unseres christlichen Glaubens ist ja der Glaube an die Auferstehung Jesu Christi von den Toten.

Das Pilgern, die ganz einfache körperliche, rhythmische Bewegung auf ein geistliches Ziel hin, vermag das Eigentliche wachsen und reifen zu lassen, ohne dass diese komplexen Hintergründe bewusst wären. Die Erfahrung dieses Weges, der auch Heilung für Körper und Psyche bedeutet, ist oft unmittelbar und eindeutig. Die spirituelle Ausdeutung dieses Prozesses freilich bedarf zusätzlicher Bemühung, die als innere Arbeit gewollt sein muss, jedoch von außen unterstützt und begleitet werden sollte.

Die spirituelle Betrachtung des Pilgerns als Reifungsweg kann in verschiedene Phasen und Etappen gegliedert werden, wenn man genauer bei sich hinschauen will. Dass sich dieser

Prozess bei unterschiedlichen Menschen verschieden entwickelt, liegt auf der Hand.

Wir sind bereits auf den Sehnsuchtsaspekt (Santiago) eingegangen, der trotz einer inneren Blockade, die viele Jahre, auch Jahrzehnte zu einem Aufschub des entscheidenden ersten Schrittes führen kann, zum entscheidenden ersten Schritt drängt. Das »Irgendwann gehe ich los«, »Irgendwann« ist die Zeit reif für meinen Weg, schlägt um zu dem festen Entschluss, der Sehnsucht, dem Traum Realität zu verleihen. Nun werden alle weiteren mentalen und praktischen Hindernisse aus dem Weg geräumt.

Sicher wäre es sehr nützlich, sich die verschiedenen Widerstände, Ängste und Probleme anzuschauen, die sich dem zum Pilgern Entschlossenen entgegenstellen können.

Dogen Zenji, der Gründer des Soto-Zen in Japan zu Beginn des 13. Jahrhunderts, bezeichnet den »ersten Schritt« auf den ZEN-Weg, der als Herzübung des Buddhismus gilt, als die größte Erleuchtung, als das große Erwachen. Gar nicht zu meditieren und eine erste Meditation zu praktizieren, sei ein Eintreten in eine ganz neue Welt, einen neuen Kosmos. Alle weiteren Schritte sind die logische Folge des ersten Schrittes, auch wenn die Schritte (= Übungen) durch unterschiedliche körperliche, psychische und mentale Schichten führen.

Wenn der erste Schritt des Pilgerns getan ist, der in der mystagogischen Lehre des »Dreischrittes« *via illuminativa* (Erleuchtungsweg) genannt wird, folgt in der Regel bei vielen Übenden der zweite Schritt, die zweite Phase, die Zeit der Reinigung (*via purgativa*). Wenn man will, ist diese Weg-Zeit eine Art Purgatorium, ein »Fegefeuer«, in dem der Mensch von Schlacken gereinigt wird. Er kann in vielen Schichten seiner Person nachreifen und muss vielfach innere Widerstände überwinden, wodurch jedoch körperliche, psychische und seelische Kräfte aktiviert, gestärkt und geschult werden. »Und das Wort ist Fleisch geworden« ist die spirituelle Grundbotschaft, von der wir annahmen, dass sie sich in der geistlichen Übung des Pilgerns besonders günstig umsetzen kann. In den Widerständen des Körpers, einzelner Muskelverspannungen bis hin zu Krämpfen, Organschwächen oder Kreislaufschwierigkeiten, kurz in Störungen aller Art, zeigen sich Defizite, die in der Regel beeinflusst, verringert oder beseitigt werden können. Hier ist es an dem Übenden, mit Weisheit und Maß an sich zu arbeiten, seinen Willen und seine Ausdauer einzusetzen. Er darf aber dabei nicht übertreiben und durch zu hartes Vorgehen gegen sich selbst die Grenzen des Erträglichen überschreiten. Sonst werden angeschlagene Organe vollends überlastet, was zu noch schlimmeren Störungen führen kann. Hier ist die Zeit der vielen kleinen Vor- und Rückschritte, die Zeit, wo Geist und Körper sich immer besser, tiefer und harmonischer einschwingen, die Zeit einer subtilen, aber sehr tief greifenden »Neugeburt« des ganzen Körpers, eines Muskels oder eines Organs. Nach meiner Erfahrung aus vielen Übungsjahren in der Meditation wie auch im praktischen Pilgern ist diese »Inkarnation« die Voraussetzung der Auferstehung, der Erlösung des Menschen aus seiner Geschöpflichkeit zu seiner ursprünglichen Bestimmung.

Dieser Pilgerweg der Befreiung freilich ist lang für denjenigen, der nur Schritte zählt, für den, der nur Kilometer zählt, Orte abstreicht und Buch führt.

Ein natürlicher Weg beginnt üblicherweise an einem konkreten Ort, z. B. an der Kirche, dem Rathaus, dem Stadttor oder am eigenen Haus. Der Jakobsweg als ein Pilgerweg jedoch hat noch eine andere Dimension, da er als geistlicher Weg einen inneren Aufbruch voraussetzt. Und dieser innere Aufbruch kann zeitlich von dem äußeren Aufbruch divergieren. Vom ersten Lesen und Hören über das Pilgern im Allgemeinen oder den Berichten konkreter Pilgererfahrungen anderer bis zur ersten Idee, sich selber auf den Weg zu machen, kann eine lange Zeit verstreichen. Eine weitere lange Zeit kann verstreichen, bis sich aus der persönlichen Idee ein konkreter Zeitpunkt ergibt. Ist es für den einen die Zeit nach einer Prüfung, nach Beendigung der Berufstätigkeit oder einer persönlichen Krise, so ist für manch anderen das Angebot einer Gruppe, eines Reiseveranstalters der Anlass, sich auf den Weg zu machen. Wenn wir also fragen »Wann beginnt der Jakobsweg?«, versuchen wir in die Psyche, ja in noch tiefere Schichten des Menschen hineinzuhorchen.

Schon der heilige Ordensgründer und Mönchsvater Benedikt von Nursia (480–550) beginnt seine geistliche Rede mit dem Wort »Höre ...«. Liest man ein wenig weiter, lernt man, dass es hier nicht um das akustisch äußere Hören, sondern um das mentale, spirituelle innere Horchen geht: »Höre, mein Sohn, auf die Worte des Meisters. Neige das Ohr deines Herzens.« Die Menschen aller Zeiten und Kulturen sind meist so mit dem Bewältigen ihres Lebensalltags in Familie und Beruf belastet oder in leidvolle Prüfungen, Krisen und Konflikte verwickelt, dass das Ohr des Herzens überlastet oder verstopft erscheint und die feineren Lebensmelodien nicht wahrnehmen kann. Immer wieder aber spüren Menschen in Situationen der Not, der Freude oder Liebe, dass jenseits der alltäglichen strengen Pflichten eine andere Stimme ruft: »C'est la voix de Compostelle – Das ist die Stimme von Compostela« heißt es in unserem Pilgerlied. Die Melodie können wir als Sehnsucht beschreiben, als eine Stimme, die uns auf den Weg des Lebens rufen will. Das Hören auf die innere Stimme führt den Menschen zwar aus der Überlastung seiner Alltagsbewältigung hinaus ins Weite, aber nicht um ihn in den Raum einer vorgestellten Freiheit zu entlassen, sondern um ihn in das Übungsfeld einer neuen, weiter gefassten Balance des Lebens zu führen. Der schwierigste, aber entscheidende Schritt ist die Verbindung von neuen Weg- und Lebenserfahrungen mit den bisherigen Prozessen im Alltag.

Ist es nicht vermessen, ja größenwahnsinnig, sich auf einen

Weg zu machen, der rund 2400 Kilometer lang ist? Von München nach Hamburg sind es ungefähr 1000 Kilometer. Diese Strecke mit dem Auto zurückzulegen überlegt man sich schon gründlich und denkt an das Flugzeug, das zwei Stunden braucht. Und die Strecke von zweieinhalbmal so vielen Kilometern soll man nun zu Fuß, Schritt für Schritt bewältigen, um von Süddeutschland nach Nordwestspanien zu gelangen? Da mag manchem das Herz verzagt werden. Beginnt man jedoch kühlen Kopf zu bewahren und Zahlen sprechen zu lassen, reduziert sich die Unmöglichkeit auf ein Organisationsproblem.

Zwanzig bis 25 Kilometer pro Tag kann die Pilgerin, der Pilger schaffen, vor allem, wenn der Weg gut beschrieben und gekennzeichnet ist. 100 bis 125 reine Gehtage lassen sich dann errechnen mit einigen Ruhetagen, also 120 bis 150 Tage für denjenigen, der den ganzen Weg in einer Etappe gehen will. 240 bis 300 Tage jedoch für diejenigen, die ganzheitlich denken und auch den Rückweg einplanen. Kalkuliert man 25 Euro pro Tag, dann ergeben sich bei 120 Tagen 3000 Euro, mit Rückweg 6000 Euro, bei 150 Tagen 3750 bzw. 7500 Euro.

Aus all diesen Überlegungen entwickelten sich folgende Jahresetappen:

1999	Kennenlernen: Beuron – Meßkirch
2000	»Probelauf«: Beuron – Überlingen
2001	Überlingen – Flüeli/Sachseln
2002	Sachseln – Seyssel
2003	Seyssel – Le Puy-en-Velay
2004	Le Puy-en-Velay – Figeac
2005	Figeac – Condom
2006	Condom – Saint Palais
2007	Saint Palais – Santo Domingo de la Calzada
2008	Santo Domingo de la Calzada – León
2009	León – Santiago de Compostela

Ist meine Sehnsucht, den Pilgerweg zu beginnen, groß und stark genug, dass ich bereit bin, Zeit und Kosten in diesem Umfang einzusetzen? Viele werden die Idee, den Wunsch, den großen Weg zu gehen, auf ein Vielleicht, ein Irgendwann verschieben. Man wird an die Pensionszeit, auf die Zeit nach der aktiven Arbeit denken. Andere werden auf die Lösung verfallen, den Weg zu reduzieren, z. B. auf den spanischen Teil des Weges, den Camino frances, auf den Weg ab Burgos oder León oder auf die letzten hundert Kilometer, das Minimum, um die Compostela, die offizielle Pilgerurkunde, zu erhalten.

Ewiges Leben

Erde und Himmel,
dazwischen der Weg des Pilgers.

Unterwegs zu IHM
durch Wasser und Luft,
die Gaben des Geistes,

im Mysterium
der Reinigung und Heilung
zu neuem,
ewigem Leben.

Nach unserem ersten Treffen 1999 und einer ersten »Probe-wanderung« begegnen wir uns jetzt, im September 2000 ein weiteres Mal. Wie ernst ist unsere Absicht? Sind wir bereit, auch große Anstrengungen auf uns zu nehmen? Können wir uns in die Gruppe einfügen? Schließlich wollen wir in den nächsten zehn Jahren miteinander gehen und müssen miteinander aus-kommen. Wir müssen wissen und abschätzen können, auf was wir uns hier einlassen.

Beim Abendessen tasten wir uns wieder aufeinander zu. Beim anschließenden Gespräch zunächst eine Vorstellungs-runde, dann ein Versuch, die Motivation für die Teilnahme zu nennen. Warum haben wir uns auf diesen Artikel gemeldet?

Da sucht einer einen Weg der Wandlung: Altes soll aufbre-chen, er will offen werden für Neues.

Eine Teilnehmerin spricht von einem Weg zu sich selbst: Wer bin ich? Was suche ich?

Andere wollen Neues erproben, lernen.

Das Pilgern wird als neue Gebetsform gesehen: Man will das Beten mit den Füßen erlernen.

Pilgern und die Ankunft in Santiago soll ein erstes Ziel sein auf dem Weg, das letzte große Ziel zu erreichen.

An diesem Abend freuen wir uns an der Muschelkette, die Margit und Erich für jeden von uns vorbereitet haben. Wie schön auch der erste provisorische »Pilgerpass«, liebevoll von den beiden mit zwei Fotos gestaltet (St. Benedikt und Sankt Jakob) und versehen mit dem Stempel des Klosters Beuron und der Pilgerkapelle St. Jodok in Überlingen. Schon jetzt fühlen wir uns zugehörig zur Schar derer, die auf dem Weg sind.

Am Morgen werden wir durch wunderschöne Blockflöten-musik geweckt: Margit spielt für uns das französische Pilgerlied, das uns von jetzt ab begleiten will.

Tous les matins nous prenons le chemin.
tous les matins nous allons plus loin.
Jour après jour la route nous appelle
c'est la voix de Compostelle.
Ultreia, Ultreia, Esuseia.
Deus adjuva nos!
Chemin de terre et chemin de foi,
voie millénaire de l'Europe,

la voie lactée de Charlemagne,
c'est le chemin de tous les Jacquets.
Ultreia, Ultreia …

Morgen für Morgen geh'n wir auf den Weg.
Morgen für Morgen gehen wir voran.
Und Tag für Tag ruft unsere Straße,
s'ist der Ruf von Compostela.
Ultreia, Ultreia, Esuseia, und Gott helfe uns.
Straße der Erde und Straße des Glaubens,
seit tausend Jahren quer durch Europa,
Straße der Sterne für Karl den Großen,
Straße für die Pilger des Jakobus.
Ultreia, Ultreia …

17

Et tout là-bas au bout du continent,	Und ganz am Ende unsres Kontinents
messire Jacques nous attend,	wartet auf uns der Herr Jakobus.
depuis toujours son sourire fixe	Schon immer heftet sich sein Lächeln
le soleil qui meurt au Finistère.	auf die Sonne, die stirbt in Finisterre.
Ultreia, Ultreia …	Ultreia, Ultreia …

Um sieben Uhr kurze Andacht, ich bin viel zu angespannt, um den Texten folgen zu können. Nach dem Frühstück werden wir um acht Uhr vom Vater Erzabt an der Benediktstatue auf dem Pfortenplatz mit dem Pilgersegen verabschiedet.

Wir wandern zügig, zum Teil kräftig bergauf, nach Meßkirch. Die erste Stunde wird schweigend gegangen, mir gehen viele Gedanken durch den Kopf – dies ist nun endlich der Anfang! Endlich kann ich mich unter die unzähligen Pilger einreihen, die sich seit 1000 Jahren auf verschiedensten Wegen zum Grab des heiligen Jakobus aufmachen. Was wird der Weg mir bringen? Alles ist ganz kraus in meinem Kopf. Ich bete den freudenreichen Rosenkranz, das beruhigt die Gedanken. Ich stelle dabei fest, dass das Laufen problemlos geht, warm wird es allerdings schon.

In Meßkirch gibt es im Café Brecht dann endlich die Möglichkeit zum Ausruhen und Entspannen, bevor wir weitermarschieren bis Kloster Wald. Aber auch das ist weit, ich lasse mich zurückfallen, bin froh, dass wir vier Kilometer vor Wald nochmals Rast machen: Apfel mit Hüttenkäse, ich kann endlich ein wenig die schmerzenden Beine hochlegen! Nach 28 Kilometern kommen wir dann schließlich in Kloster Wald an. Aber noch geht es weiter: Die Mutter Oberin führt uns durch »ihr« Kloster, mit einer

Mischung aus Stolz und Demut, die uns tief berührt. Dann endlich gibt es Abendessen im »Lamm«, endlich das ersehnte Bier.

Wir lernen uns kennen auf dem Weg in manchen Gesprächen und abends bei der Entspannung im Lokal: Wir lernen Menschen kennen, deren Lebensform sich stark von der unseren unterscheidet, wir sind glücklich und bereichert von dieser neuen Erfahrung. Irgendwie überstehen wir dann auch noch die Sonderführung in der Kirche mit dem romanischen Kreuz, dann dürfen wir endlich ins »Bett«.

Die Nacht beschert uns allerdings Ernüchterung: Wir verbringen sie auf dem »schönen« Parkettfußboden des Pfarrheims; die Isomatte ist zu schmal, bei jeder Bewegung knistern die Schlafsäcke ringsum, das Liegen auf dem harten Fußboden ist qualvoll; wir zählen die Viertelstunden, die vom nahen Kirchturm schlagen, bis wir aufstehen dürfen. Erkenntnis, dass man in unserem Alter seinen Körper nicht ungestraft zu etwas zwingen kann, was man nicht als junger Mensch geübt hat.

Nach dem Frühstück geht es dann mit halbstündiger Verspätung um sieben Uhr weiter. Schweigen. Wir gehen zunächst durch den Wald. Am Ende des schnurgeraden Weges bilden die Bäume eine Öffnung in den Himmel, an dem, rot, die aufgehende Sonne steht, davor die Silhouetten von vier Pilgerfreunden – phantastisch!

Weiter dann über die endlose Landstraße, die überhaupt an diesem Tag dominiert, nach Taisersdorf.

Wir haben 32 Kilometer vor uns bis Überlingen. Zunächst aber geht's ins sieben Kilometer entfernte Pfullendorf, wo die Kirche gerade bei unserem Eintreffen geöffnet wird. Es ist eine St. Jakobuskirche mit vielen Zeichen des Pilgerpatrons: Hut, Muschel, Stab, Kalebasse.

Nach weiteren drei Stunden Einhalt am Johanneshof, wo eine alternative Gruppe einen Bauernhof mit viel Kleinvieh für die Kinder betreibt. Die junge Frau strahlt, als sie uns in der Sattelkammer sitzen sieht. Sie tischt auf, was sie haben: Kürbissuppe, Holundersaft, köstliche gefüllte Bratäpfel, frischen Traubensaft.

Bei dem Aufstieg nach Taisersdorf bekomme ich bestialische Schmerzen in der rechten Leiste, kann das rechte Bein nicht mehr anheben. Ist das jetzt schon das Ende? Mir wird schlecht vor Enttäuschung. Heide bleibt bei mir zurück, redet mir gut zu, ermutigt mich. Wir retten uns ins Landgasthaus und gönnen uns eine Pause von anderthalb Stunden. Danach komme ich wieder in die Gänge. Ich will ankommen. Ich bete still zwei Gesätze des schmerzhaften Rosenkranzes.

In Owingen halten wir wieder eine Rast. Die Füße brennen. Kann ich noch weitergehen, will ich noch weitergehen? Muss Pilgern Tortur sein, um echtes Pilgern zu sein? Dass an unserem Rastplatz eine Telefonzelle steht, nehme ich als Wink des Himmels. Auch die heldenhaften Durchhaltebeschlüsse der angeschlagenen Mitpilger beeindrucken mich nicht so, dass ich es ihnen nachmachen wollte. Ich beschließe, die anderen ziehen zu lassen und mir ein Taxi zu rufen. In der Telefonzelle: kein Telefonbuch und auch keine Taxireklame. Was nützt das Telefon, wenn ich keine Nummer habe. Rufe ich die Auskunft an? – Nein, soweit kommt es noch! Die Telefonzelle war eine Versuchung, der ich zu erliegen drohte – aber der große Rufer weiß es besser und ich höre. In der Gewissheit, dass ich bis zum Ende gehen soll, ziehe ich frischen Mutes wieder los, hinter den anderen her. Gestärkt durch diesen neuen Impuls, versehen mit der »zweiten Luft«, hole ich die Mitpilger ein, überhole gar den einen oder anderen und erreiche vergnügt, aber natürlich auch ziemlich groggy, die Jodokkirche in Überlingen.

Am Golfplatz vorbei, zum ersten Mal leuchtet der See – ich will ankommen! Endlich die ersten Häuser. Zwei Bewohner, die Laub zusammenfegen, erkennen uns als Jakobspilger. Ich bin

stolz. Stadttor, Hänselebrunnen, Jodokkirche. Erich beglück-
wünscht uns zu den 33 Kilometern des Tages. Wir können uns
kaum in die engen Bänke zwängen, die Erklärungen zur
Legende des Hühnerwunders, die auf Fresken abgebildet ist,
hören wir kaum, wir kennen sie schon gut. – *Laudate omnes gen-
tes, laudate Dominum* – so singen wir drei Mal.

»Ultreia, Suseia! Deus adjuva nos!« Was diese wohlklingen-
den, geheimnisvollen Worte bedeuten, habe ich an meinem ersten Pilgertag von Wald nach Überlingen erfahren. »Weiter,
höher! Gott helfe uns!« Der Weg nach Santiago ist weit, sehr
weit, über 2000 Kilometer. Und zu Fuß dauert es lang, sehr lang.
Und das Gepäck, ein Rucksack, der nicht schwerer als acht
Kilogramm sein soll, wird zu einer Last und stündlich schwerer.
Und die Füße, die das lange Gehen, das »Pilgern« eben, nicht
gewohnt sind, zeigen mir schon an diesem ersten Pilgertag von
33 Kilometern in zehn Stunden (einschl. Pausen), dass sie an
ihre Grenzen geführt wurden. Schmerzen und Blasen trotz guter
Wanderschuhe! »Gott helfe uns!« Das sind wohl die Haupt-
gedanken, die jeden bei dieser »Vorwanderung« beschäftigen.

In Taisersdorf Mittagspause, dann wieder Teerstraße und
geteerte Feldwege nach Überlingen, wo wir um ca. 18 Uhr an
der Jodokkirche eintreffen – Endziel der diesjährigen Etappe.
Müde, aber nicht erschöpft, mit einer unbeschreiblichen
Freude und Stolz im Innern: Wir haben es geschafft! Wir sind
gut miteinander gegangen und miteinander umgegangen. Die
Gruppe ist gut, sie stärkt und schützt, lullt zuweilen auch ein,
gibt mir aber Impulse und Wärme. Die Jodokkirche bleibt mir
von den besichtigten Kirchen am besten im Gedächtnis durch
die eindrucksvollen Wandmalereien (Legende des Hühnerwunders) und die Statue des Jakobus, die auch als Foto in unserem Pilgerausweis festgehalten ist. Immer wieder berühre ich
die Muschel, die Margit und Erich uns am ersten Abend in
Beuron zusammen mit dem Pilgerausweis gegeben haben. Jetzt

trage ich sie zurecht: Ich bin eine Jakobspilgerin! – Von Überlingen per Autos und Kleinbus Rückfahrt nach Beuron, wo wir den Tag noch gemütlich bei Roggenbier ausklingen lassen – ich gehe als eine der Ersten um 22 Uhr todmüde ins Bett und schlafe endlich wieder gut.

Sich überwinden: In Taisersdorf war das noch ganz einfach, in Owingen schon viel schwieriger. Wäre auf der Strecke zwischen Golfplatz und Überlingen ein Taxi gekommen, ich hätt's genommen! Der Weg war hart und nahm kein Ende. Am Ende schmerzte jeder Schritt. In der Kirche angekommen, konnte ich mich weder hinsetzen noch freuen. Es tat zu weh. Beim langen Hin und Her um die Rückfahrtsmöglichkeiten konnte ich kaum mehr den Gesprächen folgen. Irgendwie kam ich aber zurück nach Beuron. Beim Aussteigen hätte ich heulen können, keinen Schritt mehr könnte ich gehen. Als dann auch noch die Klosterpforte verschlossen war, ließ ich mich auf der Karre davor nieder. Wären nicht meine Mitpilger gewesen, die entschlossen nach jemandem Ausschau hielten, der uns öffnen könnte, ich weiß, ich wäre einfach still vor mich hinweinend dort sitzen geblieben. Ich fuhr mit dem Fahrstuhl hinauf und schaffte es noch bis unter die Dusche. Dort sitzend taute das heiße Wasser so nach und nach die verkrampften Muskeln und meine Lebensgeister wieder auf. Langsam tauchte auch wieder Freude über alles auf. Ich hab's überlebt. Möchte mich so elend aber nicht nochmals fühlen, das war mir klar. So darf Pilgern nicht sein! Diese Etappe war einfach zu lang.

Die große Etappe des Tages, die Schmerzen, die Angst, es nicht zu schaffen, und schließlich das Glücksgefühl, angekommen zu sein, trotz allem. – Ich freue mich auf das nächste Jahr. Ich brauche einen leichteren Rucksack und habe mir eine Liste zurechtgelegt.

Mein Pilgerrucksack (9,5 kg)

Wander- oder Pilgerstock, Rucksack mit Regenüberzug
Alu-, Rettungsdecke, Mini-Sitzkissen
Anorak, Regenhose
Pilgertasche für die griffbereite Wasserflasche

Schlafsack, Seidenschlafsack, Kopfkisslein
Schlafanzug, Sandalen
Wecker, Taschenlampe
Handy, Fotoapparat, beides inkl. Ladegerät?!
Trinkflasche, Tasse
Pilgerführer, Tagebuch

Handtuch, -tücher, Toilettenartikel, kl. Einheiten
Sonnencreme, Rasierapparat
Medikamente, Druckstellen- und Blasenpflaster
für die Wäsche: Seife, Sicherheitsnadeln, Schnur

Wanderschuhe
1 Pulli, 3 T-Shirts
2 Unterhosen, 2 Unterhemden, evtl. BH, Slipeinlagen
1 Paar Wandersocken, Socken

Halstuch, Sonnen-/Regenhut

Am nächsten Tag um Viertel nach acht Frühstück, dann Abschlussbesprechung für die nächste Etappe: Aufbruch am 24. Mai 2001. Die Etappe führt in die Schweiz bis Flüeli, den Wallfahrtsort von Nikolaus von der Flüe. Im November sollen wir schon die Einladungen erhalten. Wir singen noch einmal gemeinsam das französische Pilgerlied »Tous les matins nous prenons le chemin …«, das Lied bleibt mir den ganzen Tag im Kopf. Danach noch festliches Hochamt in der Abteikirche und anschließend fahre ich mit Bernd und Hedwig per Auto bis Singen, von wo ich gut mit dem Zug nach Stuttgart komme.

Ultreya! E Suseia! Deus adjuva nos!

2. Auf dem Weg – Via purgativa

Der Morgen, das Schweigen

»Morgen für Morgen gehen wir auf dem Weg ...«, sagt das alte Lied der Jakobspilger. Dieses ist eine der wesentlichen Erfahrungen meines Weges. Ich wache auf und orientiere mich, wo ich überhaupt bin. Ich habe mir angewöhnt, immer in meinem Schlafsack zu schlafen, egal ob ich im vornehmen Hotelbett oder im Strohlager eines Bauernhofes nächtige. Mein Schlafsack ist das Bleibende, meine Wohnung, die ich von Ort zu Ort mitnehme. Der Schlafsack ist das Erste, was ich bei der Ankunft ausbreite, und das Letzte, was ich wieder einpacke.

Meist beginnt ein munteres Treiben derjenigen – wenn wir in einem Schlafsaal sind –, die sofort aufstehen, Licht anmachen oder mit der Taschenlampe herumleuchten, zu Toilette und Waschraum eilen. Besonders gefürchtet sind die »Raschler«, die früh am Morgen im Licht ihrer Taschenlampe den ganzen Rucksack mit zahllosen raschelnden Tüten komplett aus- und wieder neu einpacken. Ich selber benötige einen ruhigen Start, versuche noch in der Wortlosigkeit zu verweilen und eine Zeit der Meditation zu pflegen. Erst beim Frühstück, das wir gemeinsam und im Gespräch genießen, finden wir uns als Pilgergruppe und berichten von Schlaf und Träumen oder machen uns auf die kommende Wegstrecke aufmerksam.

Dann gilt es bis zum Zeitpunkt des gemeinsamen Aufbruchs, der Statio, behände Rucksack und Pilgertasche zu organisieren, so dass im Laufe des Tages alle wichtigen und nützlichen Dinge leicht zur Hand sind. Zuletzt der Blick übers Bett und durch den Raum, ein Blick, der Liegengebliebenes sucht und nach Sauberkeit schaut. Als Pilger will ich dem Quartier, das mir für eine Nacht Sicherheit, Wärme, Ordnung und Ruhe gab, Respekt zollen und einen guten Eindruck hinterlassen, einen Eindruck, der wichtig ist für den nach mir kommenden Pilger. Ich bin als Pilger und Deutscher im Ausland auch ein Bote der Heimat.

Die Statio, die Zeit des Pilgersegens oder einer Schriftbetrachtung, ist für mich ein wichtiger Ausgangspunkt für den Pilgertag. Hinter mir liegen Träume, Bilder, Gefühle und eventuell die Erschöpfung der Nacht, vor mir Freud und Leid eines neuen Tages. Diese Vielfalt möchte ich in der Statio am Morgen auf einen Punkt sammeln und bewusst alles in die Hand des unsagbaren Gottes legen, aus dem ich komme und zu dem ich zurückkehre: ER, der Weg und Ziel zugleich ist. Die Vielfalt wird so in der Einheit der Einfalt, der Pilgerbetrachtung aufgehoben. Zuverlässige Elemente des Gebets am Morgen sind für mich das Vaterunser und das Lied der Santiagopilger geworden. Ich mache die Erfahrung, dass es nicht vieler Worte oder vieler interessanter Bilder und Texte bedarf, sondern dass das »Vollkornbrot« dieser beiden Gebete ausreichend ist, immer wieder verkaut und genossen zu werden, um mich für den Tag zu stärken. Mir scheint, dass die Übung des rhythmischen Gehens, des Betens mit den Füßen, sich auch auf die Vereinfachung anderer geistlicher Übungen im Laufe des Tages auswirkt. Alles wird einfacher, unprätenziöser und solider. Wiederholungen vertiefen, schenken Sicherheit, sind verlässlicher Begleiter auf dem Weg.

Unmittelbar nach dem Morgengebet der Statio beginnt der Weg, den ich und wir alle mit einer Zeit des schweigenden Gehens eröffnen. Manchem mag die Vorstellung, allein oder in der Gruppe für einige Stunden schweigend zu pilgern, merkwürdig und deplatziert, künstlich und abstoßend erscheinen. Tatsächlich blicke ich auf die Erfahrung zurück, dass gerade im schweigenden Gehen, im Einschwingen auf meinen Rhythmus, im Nachspüren des Morgens eine große Kraft liegt.

Diese Kraft erfahre ich darin, mich ausschließlich dem Weg, den ich gerade gehe, zuwenden zu können. Ich nehme mit allen Sinnen die Beschaffenheit des Weges, den ich gehe, wahr. Gehe ich durch Wald oder Feld, steige ich eine Höhe hinauf oder laufe ich in ein Tal, hülle ich mich in Anorak und Regencape oder muss ich schon nach wenigen Kilometern Kleidungsstücke im Rucksack verstauen, weil es zu warm ist. All diese kleinen Handlungen, in denen ich auf die konkrete Situation des Morgens reagiere, bergen Aufmerksamkeit und Sorge für mich, für meinen Leib und meinen Geist. Besonders schön ist die Frische des Morgens, der Morgen, der eine Gänsehaut auf den Unterarmen hervorbringt, die durch die Wärme aus dem Inneren des Leibes geglättet wird. Die Frische des Morgens, die den Kopf kühlt und klärt, die Frische des Morgens, die Lust aufsteigen lässt auf das Kommende, die Neugier wachsen lässt und Zuversicht, alles gelassen zu durchschreiten.

Wir gehen schweigend etwa zwei Stunden, meist jeder für sich alleine, manchmal auch schweigend zu zweit. Überhaupt, jeder hat sein eigenes Schritttempo, jeder hat seine Eigenart, langsam oder schnell zu beginnen, jeder hat seinen Zeitpunkt, an dem er, aus welchem Grund auch immer, schneller wird und nach vorne drängt. Ich gehe meist langsam, manchmal auch als Letzter los, breche auf horchend und achtsam. Ich habe das Bedürfnis, den Ort des Nachtquartiers mit Respekt, Dankbarkeit und Gelassenheit zu verabschieden. So gehe ich oft einige Kilometer als Letzter der Pilgergruppe, überwinde meine Schwere im Leib, hänge den Gedanken, die in der Nacht aufgestiegen sind, und den ersten Gefühlen des Tages nach. Ich spüre die Druckstellen in den Schuhen, von denen ich mich gestern bei Ankunft im Quartier verabschiedet hatte, spüre erneut die Schwere des Rucksacks und nehme die gleichen Schmerzpunkte an Rücken und Hüfte wahr. Schmerzen sind unangenehm und gerne möchte ich sie loswerden, ich leide und ärgere mich, ich lehne sie ab und leiste Widerstand. Warum muss das sein, warum füge ich mir das zu, warum gehe ich einen Weg, der mit Schmerzen verbunden ist? Hier sind mir die Erfahrungen der Meditation hilfreich, Erfahrungen und Erkenntnisse, die mir sagen, dass die Schmerzen Signale des Leibes sind, die mir helfen wollen, mich tiefer zu erkennen und heilen zu lassen. Ich denke an die Evangelientexte, in denen Jesus vom Leiden spricht und sein Leiden durchlebt. Ich beginne in diesen Stunden des stillen Weges einfache Gebete zu sprechen, die meine Leiden, meine Schmerzen in einen Zusammenhang mit dem Leiden Jesu bringen. Ich erkenne, dass mein Pilgerweg ein Stück weit auch mein »Kreuzweg« ist. Ich muss mich nehmen wie ich bin, in meinen Grenzen und Möglichkeiten, in meinen Licht- und Schattenseiten.

Immer wieder lande ich in diesen Morgenstunden bei dem Gebet des Rosenkranzes, das sich mir als verlässliche Quelle und kraftvoller Begleiter erwiesen hat. Viel habe ich schon gelesen über die Geschichte dieses oft verkannten Gebetes: Die geistige Mitte des sich immer wiederholenden Mariengebetes ist der Hinweis »auf die Frucht deines Leibes: Jesus«. Auf Jesus weist Maria hin, zu ihm will sie den Beter führen. Die Ostkirche, so wird mir klar, kennt einen Ikonentyp, der sich »Hodegetria«, die Wegweiserin, nennt. Auf den Bildern dieses Typs sehen wir Maria, die uns mit dem Jesuskind auf dem Schoß frontal gegenübersitzt. Ihre rechte Hand weist dabei auf Jesus, ihn will sie uns als Weg des Lebens, als Weg zum Leben zeigen. Manche haben das Rosenkranzgebet auch das Jesusgebet des Westens genannt. Hier wird der lateinische Westen dem griechischen Osten gegenübergestellt.

Das Jesusgebet, eine ganz einfache, schlichte, kurze Formel: Jesus Christus, Sohn Gottes, erbarme dich unser, hat sich in den Zellen und Klausen der frühchristlichen Mönche als wichtigstes Gebet herausgebildet. Dieses Gebet, das früher im klösterlichen Bereich sehr beheimatet war, hat im 18. und 19. Jahrhundert in der Volksfrömmigkeit Russlands eine große Rolle gespielt. Als Student hatte ich den »russischen Pilger« gelesen, ein Buch, das die hochaufgeladene spirituelle Theologie des Jesusgebetes, wie sie besonders in den Kellien Ägyptens und später in den Klöstern auf dem Berg Athos in Ostgriechenland entwickelt wurde, auch für den einfachen Christen zugänglich macht. Ein russischer Bauer, der seine Frau durch Tod verliert, sein Land verlässt und durch die unendlichen Weiten Russlands zieht, auf der Suche nach innerem Frieden und einem verlässlichen geistlichen Lehrer. Erst als er nach langer Zeit und vielen Enttäuschungen, Verfolgungen und Misshandlungen einem alten Strazen, einem geistdurchwirkten Vater, begegnet, lehrt ihn dieser das Jesusgebet, die unmittelbare und dauernde Anrufung des Namens Jesu. Der Name ist gleichzeitig Programm und Inhalt: das »Gott heilt« oder »Gott rettet« soll sich bewahrheiten. Der »russische Pilger« wird auf seinem weiteren Weg durch dieses Gebet gestärkt und zu geistlichen Erfahrungen der Güte und Barmherzigkeit Gottes geführt.

All das geht mir in diesen stillen Stunden des Morgens durch den Kopf und jetzt ist der Raum und die Zeit, in eine Übung einzutreten: all das Gelesene einmal einzusetzen und auszuloten. Behutsam beginne ich, versuche Schritte, Atem und Gebetsgedanken in einen Rhythmus zu bringen – verliere den Faden, beginne aufs Neue. Ich gleite ab in andere Gedankenräume und Gedankenverbindungen, hole mich zurück und nehme den Faden wieder auf. Ich versuche achtsam zu sein, zum Boden hin zu spüren, den Morgen auf der Haut des Gesichtes zu spüren. Ich sehe die Mitpilger in verschiedenen Abständen ihren Weg gehen, sehe die Landschaft und richte dennoch den Blick vor mich hin auf den Weg, sammle mich ein auf den geistlichen Raum. Askese der Augen, so lernte ich es aus der Benediktusregel. Oft meint man, dies sei eine sinnleere Mönchsübung: Weit gefehlt, es ist auch ein Akt der visuellen Hygiene und der Konzentration der geistigen Kräfte. – Was mir so alles im Vollzug des Gehens aufgeht!

Überhaupt ist die Erfahrung der Einfachheit geistlicher Übungen und Gebete im Kontrast zu der reichen, aber oft auch sehr ausgefalteten Mönchsliturgie erfrischend. Das eine ergänzt und vervollständigt das andere, vom Einfachen schreiten wir voran zum Komplexen und vom Flachen zum Tiefen. Beides gilt an seinem Ort und in seinem Bezug.

Ich pilgere etwa sechs bis acht Kilometer in dieser stillen Zeit, finde in diesen Stunden zum heutigen Tag und zum heutigen Weg. Ich mühe mich ab mit meinen Grenzen und Widerständen, den Schmerzen und Druckstellen des Leibes, mit den Zerstreuungen und Fallstricken des Geistes. Natürlich gibt es auch Tage, an denen die Stille des Schweigens durchbrochen wird. So komme ich an eine Wegstelle, die schlecht markiert und ausgeschildert ist. Dort stehen schon Mitpilger und rätseln, wie es wohl weitergeht. Ich hole meinen Pilgerführer hervor, wir tauschen uns knapp aus, entscheiden uns für eine Variante.

Ein anderes Mal komme ich in eine Dorfkirche und habe Freude, den Raum mit einem gesungenen Gebet zu erfüllen. Ich lasse das »Salve Regina« oder ein österliches Halleluja erklingen, singe nach verschiedenen Richtungen und lausche auf den verschwebenden Klang. Ich spüre, dass das Gebet im Lied eine größere Intensität und Schönheit gewinnt. Schon der Kirchenvater Augustinus, ein Hort der antiken Bildung und des christlichen Glaubens, weiß »gesungen ist doppelt gebetet«. Diese Erfahrung mache ich immer wieder am eigenen Leib. Es bedarf einigen Mutes, in einer »fremden Kirche« oder in einer Kathedrale sein Gebet zu singen, ob alleine oder in der Gruppe. Oft frage ich den Kirchendiener oder Priester, manchmal, wenn ich ganz alleine bin, wage ich es auch so. Ich sammle meinen Mut und meine Achtsamkeit für den Ton, sende den ersten Klang in den Raum um ihn auszumessen und den Klangkörper kennenzulernen. Jede Kirche, jeder Raum hat wie ein Instrument seine ganz eigene Stimmung, die es gilt, kennenzulernen, ja intuitiv zu erfassen. Ich versuche zu singen und zu hören, während ich singe, lausche ich dem Ton nach und variiere ihn. Wenn das Gebet ein Gespräch mit Gott ist, dann spreche ich zu ihm und höre gleichzeitig, was er mir sagt. Ich spüre, wie mich der Klang reinigt und mit neuer Freude und Licht erfüllt, ich spüre, wie mich der Raum, in dem viele Generationen der hier ansässigen Menschen gebetet haben, der Raum, in dem getauft und geheiratet wurde, in dem Leid und Trauer hingehalten und ausgesprochen wurden, wie mir dieser Raum seine Kraft mitteilt. – Dieses »Gespräch« mit Gott durchbricht das morgendliche Schweigen nicht, es bringt das Schweigen eher zu seiner Fülle und Erfüllung.

Manchmal und ausnahmsweise ergibt sich auch durch äußere Umstände – Wetter, Notfall, Übersetzungshilfen – ein frühzeitiges Ende der Schweigezeit – aber das macht nichts, denn die Ausnahme bestätigt die Regel und das Schweigen muss immer von Innen her gewollt und akzeptiert sein. Immer wieder und aufs Neue taste ich mich den wiederholenden Gebeten der Gebetsschnur entlang. Sei es der Rosenkranz mit seinen Ave Marias und der Betrachtung des irdischen Weges Jesu von der Geburt bis zu seinem Tode oder dem einfachen Jesusgebet. Oft lasse ich auch los von solchen Übungen, weite und löse mich in die reine Achtsamkeit des Weges hinein. So vergehen die beiden Stunden und die Kilometer in der Stille, werden zu einer Erfahrung der Erneuerung und Stärkung.

Mittlerweile habe ich an äußerem Schwung zugenommen, mein Schritt beschleunigt sich wie von selbst und ich ziehe an anderen Pilgern vorbei, nicke ihnen zu oder schiebe sie zum Spaß an ihren Rucksäcken. Wie von selbst ergibt sich nach eineinhalb bis zwei Stunden ein Pause. Wie nach einem Naturgesetz brauchen Leib und Geist eine kleine Ruhezeit nach der Anstrengung. Es ist stets neu überraschend, wie unsere Gruppe, die sich über Kilometer auseinanderzieht, binnen weniger Minuten friedlich in einem Bistro oder einer Bodega zusammensitzt. Jetzt gibt es auch etwas zu erzählen und zu berichten. Dinge vom Wegesrand, Erfahrungen im Gebet, Gedanken, die sich auf dem schweigenden Weg eingestellt haben. Ganz natürlich endet so die Zeit der Stille, die Zeit, in der jeder Einzelne sich mit seinem Weg einließ und versuchte, ihn tiefer kennenzulernen und zu beschreiten. Mittlerweile ist der Morgen zum Tag geworden, das Leben in den Dörfern am Weg voll erwacht, die letzten Pilger sind aus ihren Herbergen auf den Camino zurückgekehrt.

Aufbruch am Morgen

Es ruft der Weg am frühen Morgen,
Er ruft am neuen Tag

Er, der im jungen Licht überstrahlt,
wenn die Sonne
über den Horizont im Osten schaut.

ER ruft,
ich höre
und ge-horche
und folge.

Der Vorschlag von Bruder Jakobus, den Pilgerweg morgens immer mit einer Schweigestunde zu beginnen, fand großen Anklang und wurde sofort angenommen und positiv kommentiert:

Was mir am besten gefallen hat, gleich zuerst: das schweigende Wandern in den beginnenden Tag – ein intensives, schönes Erlebnis.

Andere Stimmen zum Thema Schweigen:

Die erste Stunde schweigend zu gehen, empfand ich als sehr, sehr schön. Dadurch konnte ich den Anstieg im Wald besonders intensiv erleben.

Ganz besonders in Erinnerung sind für mich die ersten »Schweigekilometer« am frühen Morgen. Hier waren die Sinne am aufnahmefähigsten.

Für mich sehr wichtig war das Schweigen am Morgen. Diese ersten Kilometer des Tages mit mir ganz allein zu verbringen, war ein großer Gewinn für mich. Obwohl ich es am Anfang kaum auszuhalten glaubte, was da alles an Gedanken in meinem Kopf erschien. Kilometer um Kilometer konnte ich mir diese Gedankenflut anschauen und es offenbarte sich vieles. Es war eine Gehmeditation.

Nach einer unruhigen Nacht auf dem harten Lager im Haus der Pallotiner in Konstanz sind wir in der Pilgerwirklichkeit angekommen – jetzt geht die Pilgerschaft richtig los. Zum Aufstehen spielt Evamaria auf der Flöte das Pilgerlied »Tous les matins …«; in den nächsten Tagen wird ihr Flötenspiel für uns zum »Pilgerwecker«, wunderbar. Die Organisation des Frühstücks klappt – es ist eine Wohltat zu sehen, wie alle zusammenwirken. P. Vollmer stärkt uns mit einer Andacht und spendet uns den Pilgersegen. Dann beginnt das Warten auf Bernd. Schließlich brechen wir ohne ihn auf, er wird uns schon einholen. So kommen wir gut los – stehen in der Morgensonne hinter dem Münster.

Während wir oben auf Bernd warten, steht er unten vor verschlossener Tür und geht schließlich flotten Schrittes los, um uns einzuholen. Und so beginnt der »Tag ohne Bernd«. Per Handy erste Kontaktaufnahme mit ihm, und nun ist klar, er ist vorneweg bzw. wir sind hinterdrein. Unser Pfadfinder nimmt seine Aufgabe ernst, er erkundet den Weg für die ihm folgenden Pilger, gibt Hinweise über SMS. Modernes Pilgern – warum nicht? Auf wunderschönen Waldwegen pilgern wir, nachdem die morgendliche Schweigezeit vorbei ist, angeregt schwätzend weiter.

Im Tobelhof in Zezikon dürfen wir ein erstes Mal im Stroh schlafen. Wir stehen früh auf – Gott sei Dank –, die Zähne werden am Wassertrog vor dem Bauernhaus geputzt – fertig ist die Morgentoilette. Das Frühstück unter freiem Himmel ist köstlich und um acht Uhr geht's los. Die Mitpilger, die in der Käserei von Zezikon geschlafen haben, kommen und bringen schlechte Nachrichten: Heide musste in der Nacht ins Spital. Helmut ist bei ihr geblieben, er will abends in Kloster Fischingen zu uns stoßen. Wir gehen etwas bedrückt los, aber an diesem strahlend schönen, friedlichen Sonntagmorgen bleiben die trüben Gedanken nicht lange. Es ist Sonntagmorgen: Der Weg nach Lommis zu einer kurzen Statio in der Jakobskirche wird von allen Seiten vom sonntäglichen Glockengeläut begleitet, das unser Schweigen verstärkt.

Nach einer erholsamen Nacht im Kloster Fischingen gehen Elisabeth und ich früher los: Um sechs Uhr wohnen wir noch dem Morgengebet der Mönche bei und werden dann herzlich von P. Stephan verabschiedet, der uns eigentlich ohne Kaffee gar nicht gehen lassen will. Im Schweigen laufen wir über herrliche Wiesen und Matten, über und über voll mit Blumen: Akeleien, Skabiosen, Glockenblumen, Wiesenschaumkraut. Herrlich. Noch unterhalb des Hörnli schreckt uns der Schrei von Bernd aus unserem meditativen Schritt. Aha – die Truppe kommt. So früh können wir gar nicht losgehen, dass wir nicht binnen Kurzem überholt werden, obwohl die anderen eine gute Stunde später gestartet sind. Alle genießen den wunderschönen Weg am Bildstock der heiligen Idda vorbei zum Hörnli hinauf, alle erfreuen sich an den vergnügt tobenden Ferkeln am Weg und alle freuen sich an der gemeinsamen Einkehr auf der Hörnli-Terrasse.

Schweigend steige ich zum Hörnlipass auf; zuerst Wiesen, dann Waldweg. Alles in mir jubelt und freut sich über den Weg, den ich machen darf. Dieser Morgen ist ein kostbares Geschenk.

In der Herberge in Gibswil fängt der Tag für mich früh an, anhaltendes Plastiktütengeraschel so etwa ab vier Uhr morgens weckt mich auf. Die Szene, die ich von meinem Sofaquartier an der Tür, der frischen Luft wegen gewählt, erblicke, versetzt mich in einen Zustand heiteren Erstaunens. Einer meditiert und einer packt seinen Rucksack um. Unermüdlich, stundenlang – wie es scheint – und völlig unberührt von der Tatsache, dass da vielleicht der eine oder andere der Mitpilger noch schlafen möchte. Wenn das nicht erstaunlich ist! Mich veranlasst dies zu dem Vorschlag, ein allgemeines Plastiktütenverbot für Pilger auszusprechen.

Wir sind nun im Aubrac, jener ausgedehnten Weidelandschaft, die eher an Irland erinnert. Nach der Übernachtung in Nasbinals machen wir eine kurze Statio neben der Kirche. Ein eisiger Nordwind bläst, alles ist bereift, aber wir haben beste Wanderbedingungen. Unser Weg führt über Hochalm, Viehweiden, man muss Gatter beiseiteschieben oder darüberklettern. Es blüht und blüht und blüht – und alles gleichzeitig! Primeln, Wiesenschaumkraut, Narzissen, Orchideen und hier fängt nun auch der Ginster an.

Manchmal verschwinden auf diesen Weiden die Wegzeiger, dann ist da plötzlich wieder ein Weg: Einmal führt er in ein Waldstück, schwer zu gehen, man muss sehr auf die Baumwurzeln achten, dann keine Zeichen mehr; es wird sumpfig. Als ich die Orientierung völlig verloren habe, taucht zuerst Leo auf, dann Hans, und gemeinsam finden wir den richtigen Weg wieder. Irgendwie ist er immer wieder wie der Glaubensweg.

Nach der gestrigen kurzen Einstiegsetappe von Figeac nach La Cassagnole wird der Weg heute lang, mehr als 25 Kilometer. Nachdem bei Helmut Parkinson diagnostiziert wurde, haben er und Heide beschlossen, dass sie auf dieser Reise niemals mehr als zwanzig Kilometer gehen wollen, damit die Kräfte für den ganzen Weg reichen. Dem schließe ich mich bereits im Vorfeld begeistert an. Auch ich muss haushalten mit meinen Kräften, die zehn Tage, die mir zur Verfügung stehen, sind sozusagen mein Jahresurlaub, ich bin erschöpft und muss mich »laufend« erholen … mal sehen, ob das klappt.

Endlose beruhigende Kilometer gehen wir zusammen zwischen Steinmauern und Büschen, einem Dolmen und dem danebenstehenden uralten Steinkreuz vorbei, durch eine karge, steinige Gegend. Le Quercy – ein Land aus Kalk und Blumen (viel Steine gab's und wenig Brot).

»Es gibt Berge, über die man hinüber muss, sonst geht der Weg nicht weiter.« – Ludwig Thoma. Ich scheine über den gestrigen »Berg« zu sein. Heute ist ein wunderschöner Wandertag. Alleine geht's früh morgens los, Richtung Eauze. Die ersten Kilometer genieße ich in himmlischer Ruhe bei angenehmer Temperatur. Der einzige Nachteil des frühen Alleine-

Losgehens auf diesem herrlichen Waldweg ist, dass vor mir noch niemand die über den Weg gespannten Spinnwebenfäden entfernt hat, es kitzelt ständig – aber es hat auch was von »unberührter Natur« und märchenhaft versponnenem Frieden. Es pilgert sich prima und ich fühle mich auf dem Weg zuhause.

Beim Aufbruch am nächsten Morgen herrscht klare Sicht auf die grünen Berge, aber je höher wir kommen, desto nebliger wird es – bis zu einer Sichtweite von unter fünfzig Meter. Auf den Wiesen stehen Pferde im Nebel, tragen Glocken. Anfangs gehe ich allein. Das gleichmäßige Tack-Tack der Teleskopstöcke passt zum Herzensgebet: »Jesus, Sohn Gottes, erbarme Dich meiner.« Nur der Weg zählt. Kurz vor der Höhe am Steinkreuz von Thibault, an dessen Umzäunung Rosenkränze und Tücher flattern – Pilger können manchmal ziemlich albern sein –, bricht die Sonne heraus und gibt eine atemberaubende Landschaft frei: grüne Bergketten und Täler, große und kleine Felsbrocken auf den Wiesen, viele Schafe. Adler fliegen unten in den Tälern, man kann deutlich ihre braunen Flügeldecken erkennen. Ein Schild »Abrigo« weist auf ein Obdach hin, und tatsächlich steht nicht weit vom Weg eine kleine, aus groben Steinquadern gemauerte Schutzhütte – sicher lebensrettend bei Unwettern. Brotzeit mit Bruder Jakobus, Andreas, Georg und Margareta. Kurz darauf passieren wir die französisch-spanische Grenze, nur an einem eher unscheinbaren Grenzstein erkennbar, über dem Bruder Jakobus und ich uns für ein Foto feierlich die Hände reichen.

Nach einem aufregenden Abend in Cizur Menor, wo Helmuts Tasche mit all seinem Besitz gestohlen wurde, fahren er und Heide mit dem Taxi nach Puente la Reina zur Polizei, wir anderen brechen früh auf, um halb sieben, ohne Frühstück – wir werden unterwegs schon eine geöffnete Bar finden. Bald geht's steil bergauf. An einem Bergrutsch verpasst Margret den Weg und versteigt sich im Fels, aber ein graubärtiger französischer Pilger vom Typ Alm-Öhi hat ihr Dilemma bemerkt und zieht sie mit kräftigen Armen aus der Klemme. Vor uns steht eine Kette gigantischer Windräder. Der Weg zieht sich langsam bergan. Die aufgehende Sonne taucht die Landschaft vor mir in ein goldenes Licht. Oben bei den Windrädern angekommen empfängt uns ein kräftiger Wind. Die Windräder stehen dort nicht ohne Grund!

Nun wird der Weg breiter, wir können nebeneinander gehen und nun auch miteinander sprechen. Natürlich beschäftigt uns die Diskussion vom Vorabend, nach Helmuts Referat. Für ihn ist die Frage nach der Wahrheit immer noch lebendig. In allen drei Religionen ersteigt die Vernunft den Berg der Wahrheit; sind es am Schluss drei verschiedene Wahrheiten, die erreicht werden, da zur Wahrheit jeweils der Weg, das Bemühen, die Fehler dazugehören? In diesem Suchen nach der letzten Wahrheit wird Gott, als letzter Richter doch nicht zwei der Brüder zurückweisen und enttäuschen, indem er sagt: Ihr habt die Wahrheit nicht gefunden. Nach Lessing wäre es das Höchste, wenn ER sagt: Ihr habt euch auf das Äußerste bemüht, zur Wahrheit vorzudringen.

In mir schaffen Gedanken, die Petra geäußert hat: Wir können uns den bösen Gedanken verweigern, indem wir ihnen einfach die Tür nicht öffnen. Ist das möglich? Ja, beim Beispiel »Neid« ist es für mich einfach. Wenn man seinen Platz im Leben gefunden hat, seine Erfüllung, ist es leicht, ihm Eingang zu verwehren. Eifersucht? Das war für uns nie ein Thema. Aber wie ist es bei anderen elementaren Gefühlen? Wie gehe ich mit meiner problematischen Beziehung zu meiner Mutter um? Ich glaube, hier kann und muss ich diesen Weg versuchen.

War das Wetter in Fromista noch gut, so regnet es heute beim Aufbruch stark. Schweigend ziehen Bernd und ich am Anfang der Gruppe los. Der Regen lässt mich schnell zur Ruhe kommen. Ich spüre Leere – keine Gedanken – die Unendlichkeit des Seins, mit allem und in allem verbunden und doch grenzenlos. ES läuft mich wieder. Bernd weckt mich aus meiner Trance mit Gesang. Ich singe fröhlich mit. So pilgern wir, ohne es zu merken, immer schneller durch den Regen. Singend und lachend an Pilgern vorbei, die sich doch tatsächlich für unseren schönen Gesang – wie sie sagen – bedanken. Ein wunderschöner patschnasser Tag, den ich nie vergessen werde.

Bei diesem starken Regen versagen meine Schuhe: Schon nach drei Kilometern ist mein rechter Schuh voll Wasser, der linke folgt diesem Beispiel bald. Aber es geht weiter. Es ist seltsam meditativ, so zu gehen: die tief heruntergezogene Kapuze wirkt wie Scheuklappen: ich sehe nur das enge Stück Straße vor mir und gehe, gehe. Langsam wird mein Kopf ganz leer. Ich fühle mich wohl.

Bernd und Margareta zogen zusammen los, wie ganz oft in diesem Jahr, ein neues Pilgerduo, eine neue Pilgerkombi, das Klostertrio längst aufgelöst, gibt es alljährlich und alltäglich neue Kombinationen ständiger und unbeständiger Art, wobei ich das sehr schön finde, immer mal in wechselnder Begleitung zu gehen, auch mein Weg mit Andreas, an dem Tag, als wir mit dem Taxi vorausgefahren waren, machte ein schönes Gespräch möglich.

Pfingstsonntag – wir haben Zeit! Und so können wir um acht Uhr endlich mal wieder frühstücken. Im Ort ist bereits eine kleine Marienprozession mit höchstens fünfzig Teilnehmern zugange, wir folgen ihr und erleben mit der Lauretanischen Litanei und dem Fatima-Lied ihren Abschluss im Karmel. Der Gottesdienst bei den Klarissinnen tut gut, ich lausche bewegt den engelsgleichen Stimmen der Nonnen im Chor. Leider verstehe ich vom Gottesdienst fast nichts. Heide hat zu Beginn des Weges noch spanisch/deutsche Messtexte ausgeteilt, aber ich lege sie bald aus der Hand: entweder den schnell sprechenden Spaniern atemlos hinterherhecheln oder still mitbeten – eines geht nur.

Als wir bei der morgendlichen Statio vor dem Hostal in Burgo Ranero unser Pilgerlied anstimmen, kommen einige Franzosen aus der Pilgerherberge dazu und singen mit, wie schön. In der Lesung geht es um die Zerstörung des Tempels (Mk 13, 1–2). Es bleibt »nada« (nichts) – unser Denkimpuls für die erste Stunde. Vorbei an Froschbiotop und verfallenen Lehmhäusern marschieren wir auf die lange Gerade. Rechts und links des Weges bis zum Horizont unendliche Felder. Karl Jaspers beschreibt einmal den Eindruck, den er bekam, am Rande des Meeres sitzend, wenn die Wellen anlaufen: Unendlichkeit. Ein vergleichbares Gefühl empfinde ich jetzt, wenn mein Blick rings um den Horizont geht: Unendlichkeit – kein »nada«, ganz im Gegenteil, ein Gefühl von Fülle und Reichtum und Beschenktsein von Gottes Vorsorge und Güte für uns Menschen, für mich, wenn mein Denken IHN zu fassen sucht. Ich bin dankbar.

Um acht Uhr sind wir wieder unterwegs. Lange führt uns der Weg auf einer Asphaltstraße. Ich laufe lange Zeit alleine. Andreas folgt mir im Abstand. Ich genieße das Gehen im Schweigen und in der Ruhe. Einfach nur da zu sein – »Nichttun«. Ich übe mich in Ruhemeditation. Es kommen und gehen Gedanken:

Manchmal kann ich sie ziehen lassen.
Manchmal haften sie sich einfach ganz fest und wollen nicht
    weiterziehen.

Manchmal denke ich bewusst über einen mir kommenden Gedanken nach.

Manchmal frage ich mich, warum kommt der Gedanke gerade jetzt?

Manchmal meine ich, er wurde mir geschickt, um darüber nachzudenken.

Manchmal sieht eine Sache von einer anderen Seite betrachtet ganz anders aus.

Um halb acht gibt es ein gutes Frühstück, dann verlassen wir Rabanal del Camino und gehen in die Sonne hinein: herrliche Ausblicke ins Tal, rings herum ein Meer von gelbem und weißem Ginster, lila Heidekraut – ein Traum. Es geht stetig leicht bergauf, leicht zu gehen. Wir lassen uns von den anderen Pilgern überholen, nehmen uns Zeit, Landschaft und Blumen zu bewundern. Plötzlich ein junger Mann mit sichtlich schwerem Rucksack – er bleibt stehen und fragt Helmut, ob er ihm etwas abnehmen und nach oben tragen könne. Überwältigend, sein eigener Rucksack wiegt mindestens 14 Kilo. Später, am Cruz de Ferro treffen wir ihn wieder: Es ist ein Ungar aus Budapest, der seit einigen Jahren in Deutschland lebt. Wir erklären ihm, warum wir so langsam gehen, er ist tief beeindruckt von Helmuts Energie und Willen. Eine schöne Begegnung.

Wir haben in der Herberge von La Faba übernachtet und durch das offene Fenster (sehr nötig bei fünfzig Menschen in einem Raum) immer das Rauschen des starken Regens gehört. Wie wird wohl der morgige Aufstieg auf den O Cebreiro gehen? Aber dann scheint doch die Sonne und nach einem frugalen Frühstück (wir hatten nicht bedacht, dass alle hier Selbstversorger sind) steigen wir auf einem mittelalterlichen Weg nach oben, inmitten von blühenden Ginsterbüschen, von Heidekraut und umgeben von einer grandiosen Landschaft. Immer wieder bleiben wir stehen und bewundern die ganze Schönheit von Gottes Natur. Statt einer Statio beten wir ein Gesätz aus dem freudenreichen Rosenkranz: »Den Du vom Heiligen Geist empfangen hast …«

»Unsere Gruppe ist erwachsen geworden«, habe ich kommentiert, als klar wurde, dass wir dieses Mal nicht zusammen loslaufen würden. Heide und Helmut sind aus Rücksicht auf die schwierige Topographie und die eigenen Möglichkeiten bereits eine Woche vor der Hauptgruppe gestartet und ziehen in kleineren Etappen auf dem Camino vor uns her. Heute wird uns Bernd einholen, der seit Sonntag auf dem Weg ist, am 17. Mai wird Georg und am 18. schließlich Evamaria zu uns stoßen. Zuletzt werden wir am 23. Mai Helmut und Heide in Santiago treffen, bevor wir dann das Ziel der Pilgerei, die Kathedrale St. Jakobus betreten werden. Hans und Elisabeth sind zuhause geblieben und begleiten uns im Geiste und am Telefon. 15 Menschen, 15 Pilger zehn Jahre auf jeweils zwei bis drei Wochen zusammenzuführen, um eine geistliche Übung zu vollziehen, ist nicht einfach zu verwirklichen. Zu über neunzig Prozent hat es aber immer geklappt. Nur jetzt im letzten Jahr, vielleicht auch durch die dreiwöchige Pilgeretappe, musste sich die Gruppe mit zahlreichen Varianten anfreunden und sie integrieren. Auf der einen Seite finde ich es beachtlich, wie wir das hinbekommen, auf der anderen Seite spüre ich aber, wie es an den Kräften zehrt und zusätzliche Achtsamkeit erfordert. Als Bernd in La Portela ankommt, er als Einzelpilger aus dem Weg heraustritt, gibt es eine große Freude auf beiden Seiten. Er schwärmt von dem Alleingehen und erzählt von den Begebenheiten der letzten Tage.

Nach unserer Morgenandacht frühstücken wir in einer Bar am Ortsausgang und ziehen dann gleich unsere Regenhosen an.

Wegen des schlechten Wetters ziehen wir es vor, auf der Straße zu bleiben. Es weht ein eisiger Wind hier oben, so dass wir unter unseren Anorak noch unsere Fleecejacken anziehen. Hoch auf dem Pass von San Roque (1270 Meter) stemmt sich ein bronzener Pilger gegen den Wind, ein junger Engländer begrüßt uns mit einem herzlichen »Well done«. Auf dem Alto de Poio (1337 Meter) macht ein etwa 65-jähriger Mann bei unserer Ankunft das Siegeszeichen und bei einer Tasse Kaffee spricht er mit mir über meine Parkinson-Krankheit. Er kennt sich aus, ob er wohl Arzt ist?

Wir verlassen O Cebreiro so, wie wir angekommen sind: im Nieselregen. Später, in einem Dorf, öffnet sich ein Scheunentor und eine ältere Frau lädt uns ein, in die Scheune zu kommen. Sie hält einen Teller mit frisch gebackenen, duftenden Pfannkuchen, in der Hand, die sie uns anbietet. Gerne greifen wir zu. Wir stehen dicht gedrängt vor einem alten Traktor. In einer Ecke steht eine Kuh und ein neugeborenes Kälbchen liegt neben ihr. Die Frau macht uns freudig und stolz auf die beiden aufmerksam. Wir essen sogar noch einen zweiten warmen Pfannkuchen mit Genuss. Danach ziehen wir gut gestärkt und frohgelaunt im Regen weiter.

In Palas de Rei versammeln wir uns morgens nach dem Frühstück auf dem Platz am Brunnen zum Morgengebet und brechen dann schweigend auf. Das Schweigen in der ersten Pilgerstunde am Morgen wurde zu einem Ritual: Ich schreite bewusst auf dem Weg, den Kopf erhoben, den Blick möglichst in die Ferne gerichtet – ohne mich von irgendetwas Interessantem am Wegesrand ablenken zu lassen. Wenn ich so gehe, komme ich bald innerlich zur Ruhe und die Gedanken ordnen sich. Nun kann ich in Ruhe ein Gebet »vom Scheitel bis zur Sohle« »durchgehen«. Manchmal einfach das Vaterunser, manchmal das Credo, manchmal einen Angelus, manchmal ein Gesätz vom Rosenkranz, manchmal nur der Name eines Heiligen immer wiederholt – wie es mir gerade in den Sinn kommt. Aber danach habe ich auch wieder Lust, mich mit meinen Wegbegleitern etwas auszutauschen. Ich glaube, dass ich fast mit jedem einmal ein Stück weit zusammen gegangen bin. Es ist wohl unsere letzte gemeinsame Strecke – auch das ein seltsam anmutender Gedanke.

Beim morgendlichen Schweigen geht mir plötzlich das Lied »Morgenglanz der Ewigkeit« durch den Sinn und beschäftigt mich fast den ganzen Tag. Wie oft habe ich es schon im Gottesdienst gesungen, doch erst in dieser Stunde fällt mir die schöne Poesie des Textes auf: »Licht vom unerschaffnen Lichte …, Licht, das keinen Abend kennt …« Das ist für mich eines der großen Geschenke auf dem Pilgerweg: im Gehen und Wahrnehmen der Natur und vor allem während der Schweigestunden ungestört über Gott und die Welt, einen Psalm oder ein Lied nachzusinnen, was in dieser Intensität im meist unruhigen Alltag kaum möglich ist. Das heißt dann wohl »mit den Füßen beten«. Ich werde den »Morgenglanz« sicherlich nie wieder mechanisch singen, sondern er wird mir diesen besonderen Tag immer ins Gedächtnis bringen. Alles ist im inneren Schatzkästchen verstaut.

Der Vormittag, die Strecke

Die Pause nach dem Schweigen trennt den täglichen Aufbruch, trennt den Morgen mit seinem schweigenden Gehen vom weiteren Vormittag. Zumeist findet diese Rast in einem Dorf oder Städtchen statt, dort wo der Pilger geistliche und körperliche Erfrischung findet. Oft habe ich schon die Frage gestellt: Was unterscheidet den Wanderer vom Pilger? Die richtige Antwort lautet: Der Pilger geht bei Erreichen eines schönen Ortes zuerst in die Kirche und dann ins Gasthaus, beim Wanderer ist es zumeist umgekehrt.

Die Kirche als Ort der ersten Ankunft bietet Kühle an heißen und Trockenheit an Regentagen, sie bietet die Möglichkeit Rucksack und anderes Gepäck abzustellen und sich auf einer Bank niederzulassen. Die ersten Minuten nach Eintritt in eine Kirche am Wegesrand können köstliche Momente bergen, die Erleichterung im mehrfachen Sinne des Wortes. Der Schwung des Weges, der im vom Gebet geprägten Raum ausschwingt, und die Vielzahl der bewegten Gedanken können hier ein Ende finden. All das wird zu einer natürlichen Erfahrung des Angekommen-Seins. Nach Minuten des stillen Verweilens habe ich oft durch einen Rundgang und die Betrachtung der verschiedenen Altäre, Heiligenfiguren und Bilder versucht, die geistige Prägung und künstlerische Ausstattung des Gotteshauses tiefer zu ergründen, um so zu verstehen, welche Heiligen die Menschen dieses Ortes auf ihrem Lebensweg begleiten, trösten und prägen. In dieser vormittäglichen Pause nach der schweigend gegangenen Strecke sammeln sich spontan Mitpilger, manchmal auch fremde Pilger, zu einem gemeinsamen Gebet. Nahe der Kirche findet sich dann meist ein kleines Café, eine Bar oder ein Bistro, die an sonniger Seite eine angenehme Rast ermöglichten. Während dieses kurzen Aufenthaltes wurden Hinweise ausgetauscht, wo die nächste Bäckerei, das nächste Lädele oder die Poststation zu finden sei.

Dann beginnt der zweite Etappenteil des Tages, der Vormittag, der geprägt ist von der weiteren Strecke. Die Einteilung und Gestaltung des jeweiligen Tages richtet sich nach einer Grundüberlegung, die sich bewährt hat. Der Pilger sollte immer möglichst vor 16 Uhr in seinem Zielort und Quartier ankommen. Um die geistliche Seite des Pilgerns zu gestalten, bedarf es einiger Zeit, die man am Tagesziel für die spirituelle Vertiefung braucht. So ist das Ankommen, das Finden des Quartiers, erste Entspannung und Körperpflege die natürliche Seite der Erholung, der dann eine Zeit der geistlichen Erholung folgt. Dies kann ein Spaziergang durch den Ort, der Besuch der Kirche, das stille Lesen in der Bibel oder einem anderen Buch sein. Der Abend ist dann dem Provianteinkauf und dem Abendessen gewidmet. Um diesen harmonischen Abschluss des Tages zu ermöglichen, geht der Pilger den größten Teil der Tagesstrecke am Morgen und Vormittag. Die Mittagspause muss so gewählt werden, dass danach nur das letzte Drittel des Pensums zu bewältigen ist.

Kehren wir zur ersten Pause, die den Morgen vom Vormittag trennt, zurück. Ich ziehe bald weiter, meist in Begleitung von einigen Mitpilgern. Wir unterhalten uns eifrig und es bilden sich Zweiergruppen, die Karawane zieht sich auseinander. Ich nehme mir vor, es gut laufen zu lassen, um jetzt voranzukommen. Das Schritttempo passt sich der Entfernung an, die noch vor uns liegt. In der Regel, bei gutem Wetter und guter körperlichen Verfassung, ist es lustvoll, auszuschreiten, nach vorne zu schauen, Wiesen, Wälder und Felder zu durchqueren, Dörfer und Weiler zu bewundern und sich zu unterhalten. Ich spreche von mir und aus meinem Leben, erzähle aus der Geschichte des Landes, in dem wir uns bewegen, und aus der Hl. Schrift, die mir am Herzen liegt. Ich höre zu und folge den Erzählungen des Mitpilgers, der Mitpilgerin, frage nach und denke mit.

Hier auf dem Jakobsweg, irgendwo in Frankreich oder Spanien, werden noch einmal und immer wieder Geschichten und Ereignisse aus dem Leben lebendig, sie steigen auf in der Erinnerung, werden mitgeteilt und gemeinsam bedacht, sie werden noch einmal durchgefühlt und können dann vielleicht in einen größeren Frieden wieder absinken. Öfter sind es gerade die dunklen und schweren Ereignisse auf dem langen Pilgerweg des Lebens, die sich auf dem realen Pilgerweg nach Santiago mehrfach und immer wieder zu Wort melden. Mir scheint es, dass die körperliche Übung des Gehens immer tiefere Schichten der Erinnerung öffnet, so dass deren Inhalte aufsteigen und neu angeschaut werden wollen. Dies kann in einer persönlicher Reflexion und Meditation geschehen, die man anschließend dem Pilgertagebuch anvertraut; dies kann sich aber auch in einem vertrauensvollen Gespräch ereignen.

Die alte Kirche kannte die so genannte Laienbeichte, das meint das Aussprechen von Schuld und Leid vor dem Ohr und Herzen auch eines Nicht-Priesters. Hier geht es also nicht um eine sakramentale Lossprechung, sondern um das Sich-Aussprechen, um Zuspruch und Rat-Erfahren zwischen mitfühlenden und weisen Herzen. Ich glaube, beobachtet zu haben, dass manche Konflikte und Altlasten je nach ihrer Intensität mehrfach über Jahre hinaus erinnert und ausgesprochen wurden, bis sie schließlich nicht mehr in Erscheinung traten. Ich vermute, dass dieser Prozess des gegenseitigen Sich-Zuhörens heilend wirkt, so dass die Bedrängnisse der Vergangenheit und Gegenwart weniger werden oder sich gar auflösen.

Der Weg am Vormittag, der den größten Teil der Tagesstrecke umfasst, bringt Leib, Geist und Seele in Bewegung. Manche neigen dazu, müssen es vielleicht aufgrund körperlicher Gegebenheiten auch tun, weitere Pausen einzulegen. Andere hingegen schieben diese Pausen zu einer größeren Mittags-pause nach vorne. Ich beobachte, dass sich bei einer entspre-chenden Zielsetzung mein Schritttempo erhöht. Besonders das Bergauf-Gehen hat es mir angetan, ich spüre den Widerstand des Berges, der mich herausfordert, und ich gerate in einen leichten Rausch, möglichst bald auf der Höhe anzukommen. Dort, wo die einen langsamer gehen, stellt sich bei mir eine Beschleunigung ein. Beim Bergab hingegen lasse ich es eher auslaufen und regeneriere meine Kräfte. Ich erinnere mich gut an Wegstrecken, die über offenes, weites, flaches Gelände führten.

Eine Strecke durch das mittelfranzösische Aubrac und die nordspanische Meseta steigen in meiner Erinnerung auf. Ich gehe viele Kilometer, manchmal in der Hitze, manchmal bei kühlem Wetter und die Eintönigkeit des Weges, die einen gro-ßen Reiz hat, schenkt mir eine Erfahrung. Ich beobachte mich, wie ich gehe, ich nehme den Weg und die Landschaft wahr und plötzlich scheint es mir so, als ziehe die Landschaft an mir vorbei und ich selber sei in Ruhe. Ich staune und versuche sen-sibel horchend, empfindsam diese Erfahrung zu vertiefen, mir kommt der Spruch eines östlichen Weisen in den Sinn: Offene Weite, nichts von heilig. Die Natur mit Steinen, Bäumen, Wiesen und Blumen, die Natur mit Sonne, Wolken, Wind und Regen, der Weg, den meine Füße gehen, der sich von Hori-zont zu Horizont erstreckt, und ich, der ich diesen Weg gehe, wir gehören zusammen, schon immer – für immer. Überhaupt das Wunder des Weges, der wenige Schritte breit, meine Kraft, mein Schicksal, mein Leben bündelt und zusammen-hält, der mich nach vorne weist zum Horizont und darüber hinaus zu immer neuen Horizonten, die ich transzendiere – überschreite –, all das ist offene Weite und all das ist heilig. So gehe ich behutsam horchend, bis diese Erfahrung davonweht und sich in der Erinnerung verhaftet.

Und da sind auch die anderen Tage, an denen trotz heiteren Wetters alles anders und scheinbar schiefläuft. Ich habe geträumt und es bleiben offene Fragen, besorgtes, gar ängstliches Nachdenken, es bleiben Gefühle, die unbeantwortet und ungeklärt sind und in die Fragen einmünden, wie kann und wird der Weg, der Weg des Lebens und der Weg nach Santiago, sich weiter gehen lassen. Es mag auch sein, dass in den Gesprächen nach dem Schweigen des Morgens Gedanken sich einstellten und Worte fielen, die mein Inneres aufwühlten, mich kränkten oder verletzten. All das trage ich dann wie einen geistlichen Rucksack mit entsprechender Schwere, Druckstellen und Schmerzen mit mir. Es gibt Tage, an denen plötzlich und aus heiterem Himmel sich neue, unbekannte Schmerzen in den Knien und Hüften, im Rücken und an vielen anderen Stellen einstellen. Schmerzen, die Sorgen nähren, den Weg nicht weitergehen zu können. Das sind die schweren Tage, die Tage, an denen man geneigt ist, sich zurückzuziehen, diese Nöte nicht auszusprechen, und es sind auch die Tage, an denen der Weg kein Ende zu haben scheint.

Hier hilft der aufmerksame Blick des Mitpilgers, der nachfragt, zuhört und ermutigt. Geht man alleine, so kann an diesen Tagen auch ein Engel gesandt werden, der in Gestalt eines Menschen am Wegesrand in Erscheinung tritt. Ich habe gesehen und erlebt, wie die Einladung einer Hausfrau am Wegesrand zu einer Erfrischung Wunder vollbringen kann. Selbst zwischen Menschen, die sich sprachlich nicht verständigen können, sind Zeichen der Zuwendung, des Trostes und der Ermutigung zu beobachten. Der Priester, der sich während einer Gemeindemesse an die anwesenden Pilger wendet, sie eventuell sogar nach vorne ruft, die Gottesdienstbesucher, die den Friedensgruß an die Pilger weitergeben, ihnen freundlich zunicken oder sie nach Beendigung der Andacht ohne Worte herzlich umarmen, sind wundervolle Erscheinungsformen dieser Engel, die ihre Wirkung nicht verfehlen. So kann mancher sorgenvolle Tag eine rasche Wendung finden, können dunkle Wolken auseinandergetrieben werden und der Himmel sich aufheitern. Aber freilich, es gibt auch andere Wegstrecken und Tage, an denen sich eine körperliche oder seelische Last nicht lösen will. Doch davon später.

Die Gestaltung der Tagesstrecke hängt nicht allein vom Willen und der Kraft des Pilgers ab, sondern auch von der Landschaft und der Besiedlung des Gebietes. Ich konnte beobachten, dass die meisten Dörfer ca. fünf bis sechs Kilometer, also eine gute Wegstunde, voneinander entfernt liegen. In Landschaften, die nicht so fruchtbar sind, wächst die Entfernung zwischen bewohnten Orten, so dass die Planung von erträglich großen Etappen schwieriger wird. Das stellt für leistungswillige Pilger, die dreißig und mehr Kilometer gehen, kein Problem dar, freilich aber für die, die mit ihren körperlichen Kräften haushalten müssen und zwanzig bis 25 Kilometer anstreben.

Am Abend des Vortages, wenn ich auf die Planung für den nächsten Tag schaue, lege ich in etwa mein Mittagsziel fest, um von dort in einer kleineren zweiten Wegstrecke das Tagesziel zu erreichen. Immer neu stelle ich fest, dass auch die Pilger meiner Gruppe oder andere Pilger, die am gleichen Ort übernachtet haben, diese Einteilung ebenfalls vorgenommen haben. Es gibt also eine vernünftige Übereinstimmung von Leistungsfähigkeit und örtlichen Gegebenheiten. Viele Dinge regeln und ergeben sich im Prozess.

Begegnung auf dem Weg

Hinter mir schreitet
einer,

der den Weg hat
wie ich,
die Schuhe, die Kleidung,
der Rucksack,
Stock und Hut –
wir gleichen uns!

Woher? – Wohin?
Für einige Stunden
hinter mir
geht er den gleichen Weg,
ist unterwegs
zum einen Ziel.

Als wir mit dem Schiff von Überlingen nach Wallhausen übersetzen, mustern uns ein paar Pensionärsurlauber kritisch und
fragen, wohin wir denn mit so großen Rucksäcken wollten. Wir
antworteten stolz: »Nach Santiago!« und müssen ihnen dann
zuerst einmal erklären, wo das liegt. Auf den entsetzten Ausruf
einer recht dicken Frau: »Dahin würde ich nicht einmal für
Geld marschieren!«, antwortet Brunhilde schlagfertig: »Wir
machen es ja auch nicht für Geld.«

An diesem heißen Tag hat Evamaria schon an der Murg dem
Wasser nicht widerstehen können und als wir an der Seepro-
menade in Rapperswil das Schild »Zum Bädi« sehen, versuche
ich sie abzulenken – nach einer Badeanstalt steht mir trotz der
Hitze nun wirklich nicht der Sinn. Aber als wir dann ein Ehepaar nach dem Fußgängersteg über den See fragen, raten die
uns, in dieser Mittagshitze lieber zuerst ins Bädi zu gehen, der
Eintritt sei frei, Badeanzüge und Handtücher könne man sich
ausleihen. Die beiden sind so nett und freuen sich so sehr an
uns und unserem Weg – wie sollten wir da nicht auf sie hören.
Der heilige Jakobus macht schon tolle Sachen mit uns – so
lande ich doch noch in einer Badeanstalt – es ist toll und sicher
das Beste, was mir an diesem heißen Tag passieren kann! Evamaria hat keinerlei Probleme damit, mit ihrer »Multi«-Funk-
tionsunterwäsche in den See zu gehen und sich anschließend,
genial umhüllt von einem ihrer großen Baumwolltücher, im
»Strandcafé« von der Sonne trocknen zu lassen. Ich bin nicht
so verwegen, bade nicht, verbringe aber trotzdem einen wunderbaren Nachmittag am See, schlürfe herrlichen Pfefferminz-
tee mit frischen Blättern. Der spätere Weg über den Steg geht
dann viel leichter.

Evamaria und ich sind einmal wieder vor den anderen aufgebrochen und sitzen nun kurz hinter St. Antoni gemütlich auf

einer Bank oberhalb eines wunderbar frisch gemisteten Feldes – erschöpfte Pilger nehmen jede Bank, die sich bietet – und freuen uns an den blühenden Wiesen. Und dann kommen, einer nach dem anderen, unsere Pilgerschwestern und -brüder an uns vorbeigezogen und einer nach dem anderen bringen sie uns gekochte Eier mit. Wie oft haben wir bedauert, wegen unseres frühen Aufbruchs nichts vom schönen Pilgerfrühstück mitzukriegen, nun kommt es im Überfluss. Und als dann noch Irmengard mit ihrer Schnapsflasche kommt, ist alles vom Feinsten.

Bereits am ersten Pilgertag stoßen wir auf dem Weg an die Grenzen unseres »Schwyzzerdütsch«. Ein Bauernhof verkauft neben Eiern und Nudeln auch »Birähung«. Zunächst überlegen wir uns, liegt die Betonung wohl auf dem »i« oder dem »ä«? Zwei Spaziergänger geben uns bereitwillig Auskunft: »Birähung« bedeutet »Birnenhonig«. Die siruapartige Masse wird aus Dörrbirnen gemacht, mit echtem Honig hat sie nur das Süße und Klebrige gemeinsam. Man lernt immer dazu.

Wir sind unterwegs auf dem wunderschönen Seewanderpfad von Giessbach nach Iseltwald. Links steigt das Gelände steil an, rechts, durch die Bäume hindurch, haben wir phantastische Ausblicke auf den See. Es ist Montag, aber viele Leute sind unterwegs. Neugierige Blicke streifen uns, manchmal auch spöttische. Die meisten Wanderer begnügen sich mit einem »Grüezi mitnand«, einige fragen scheinheilig, ob wir mit dem großen Rucksack etwa um den ganzen See herumwandern wollten. Natürlich gelingt es uns dann, sie mit einem etwas großspurigen »Nein, viel weiter, nach Santiago de Compostela« zu verblüffen. Ein paar ältere Paare auf einer Bank reagieren auf meine Antwort fassungslos: »Aber da sind doch welche dabei, die sind nicht mehr so jung!« – »Ja, unsere Älteste ist 66, andere nicht viel jünger. Aber die schaffen das, es macht ihnen Freude.« Die Leute sind beeindruckt: »Das ist toll! Auf diese Weise bleiben sie wirklich jung.«

Am Haupteingang der leider geschlossenen Augustiner-Propstei in Interlaken gibt Leo uns die wesentlichen historischen Informationen, dann betrachten wir die Schaukästen mit Hinweisen zur Geschichte der Wallfahrt nach Rom und Santiago de Compostela. Als Gründe für eine solche Wallfahrt wird angegeben: *voluntarie* (aus freiem Willen), *ex voto* (auf Grund eines Gelübdes), *ex poenitentia* (als Sühne für begangene Sünden). Nachdenkliche Zwischenfrage von Brunhilde: Welches ist wohl unser Grund? Da wird es wohl bei jedem ein ganz eigenes Gemisch von Motiven geben. Auf einigen satirischen Zeichnungen wird gezeigt, wie ein Pilger mit gewaltigem Bauch von kräftigen Burschen mit Hilfe eines breiten Gurts den Berg hochgezogen und beim Abstieg ebenso vor dem Absturz bewahrt wird. Ob in unserer Gruppe eine solche Hilfe auch notwendig werden könnte?

Wir durchqueren Interlaken mit seinen beeindruckenden Hotels und laufen an der Aare entlang zum Thuner See. Das Wetter ist wunderbar: klar und strahlender Sonnenschein. Ich gehe zwar viel mit anderen, werde aber auch immer wieder schneller und laufe dann häufig allein, was mir gut tut. Auch den Aufstieg zu den Beatushöhlen gehe ich allein und als ich ankomme, erfahre ich, dass fünf Minuten später die nächste Führung beginnt. So löse ich kurz entschlossen ein Billett, das ich als Jakobspilger für 14 SFR statt 16 SFR bekomme, und mache die fünfzigminütige Besichtigung in einer kleinen Gruppe mit.

Nach einer Stunde ziehen wir weiter, zunächst durch militärisches Schießgebiet. Der Geschützdonner, den wir schon am frühen Morgen gehört haben, steht in Kontrast zu friedlich grasenden Kühen und Schafen; über den Anti-Schäfchen-Schurz, den ein Schafbock vorgehängt bekommen hat, müssen alle schmunzeln. An unserem Weg stehen schöne alte Bauernhäuser, durch Generationen gepflegt, jetzt aber teilweise nicht mehr in Gebrauch; eines von ihnen wird offenbar in einen Museumshof übergeführt. Vor Uebeschi Diskussion über den weiteren Weg. Ein alter Bauer versucht in seinem Dialekt, uns weiterzuhelfen. Brunhilde versteht nur, dass der Weg nach rechts über Naturwege gehe.

Als wir in Rueggisberg die Kirche besuchen wollen, hören wir von innen ungewohntes Gemurmel. Das kann wohl kein Gottesdienst sein! Bei unserem Eintreten kommt eine Frau auf uns zu und fragt, ob wir Jakobspilger seien und ob sie uns zu einem Kaffee einladen dürfe. Aufgrund der Konfirmation hatte im Kirchenraum ein kleiner Empfang stattgefunden. Wir haben das Angebot sehr gern angenommen und so am Himmelfahrtstag in der evangelisch-reformierten Martinskirche Kaffee und Kekse genossen.

In der Franziskanerkirche in Fribourg trifft Georg genau den richtigen Zeitpunkt, um mit seiner Flöte glockenhell unser Pilgerlied ertönen zu lassen. Es treibt mir die Tränen in die Augen.

Beim Abgang durch die Stadt ertönt plötzlich fetzige Musik. Die Guggenmusik »Drei Enten« macht in ihren farbenprächtigen Phantasiekostümen eine Musik, die wirklich in die Beine geht. Hans kann sich nicht zurückhalten: er tanzt trotz des schweren Rucksacks. Oder liegt das an dem Gläschen Wein oder Bier, zu dem wir eingeladen werden? Noch ahnen wir alle nicht, dass jetzt ein paar anstrengende Kilometer kommen, mit steilen Auf- und Abstiegen. Der Chemin Ritter führt uns dann außerordentlich anstrengend bergauf, bergab um die Stadt herum gen Süden. Von Süden ist allerdings nicht viel zu spüren, denn heute ist das Wetter eher bescheiden. Es regnet nicht wirklich, aber es hat wohl 100 Prozent Luftfeuchtigkeit. Wir passieren einen kleinen Staudamm und gehen einen steilen Waldweg hoch. Der Regen bleibt unser Begleiter. Auch der weitere Weg ist größtenteils richtig romantisch. Wir gehen über eine uralte Steinbrücke, eine richtige Pilgerbrücke, wie ich sie höchstens von Fotos des Jakobusweges kenne. Am Kopf befindet sich die Kapelle der Ste. Apolline, einer lokalen Heiligen aus dem 11. Jahrhundert, die einen grausamen Märtyrertod starb, nachdem ihr vorher sämtliche Zähne zertrümmert wurden. Darum wird sie laut Informationstafel an der Kapelle als Schutzpatronin bei Zahnschmerzen angerufen und häufig mit einer großen Zahnzange dargestellt.

Die schroffen Berge sind verschwunden, die Landschaft ist lieblicher geworden, wellig. Die Etappe führt uns durch kleine Dörfer, zwischen Wiesen und Feldern hindurch, am Wald entlang, und ich bekomme immer mehr den Eindruck, einen Rausch in Grün zu erleben. Rechts und links erstrecken sich große Weizenfelder, die leuchtendhelle Sonne scheint durch die Spitzen der Ähren hindurch, lässt sie hell- und dunkelgrün aufleuchten; die Felder wirken wie meliert. Dazwischen einmal auch ein unbebautes Feld, brauner Boden. Dann ein Roggenfeld in der Sonne – hier ist das Grün anders, es wirkt bläulich. Neben dem Weg Tannen mit ganz hellgrünen zarten neuen Trieben, riesige Laubbäume in den verschiedensten Schattierungen. Und immer wieder, fast wie eine Explosion inmitten all dieses Grüns, strahlend gelbe Rapsfelder, fast unwirklich leuchtend.

Bruder Jakobus, Hans, Bernd, Helmut und Heide gehen weit voraus, ich bleibe in der Mitte, im weiten Abstand gefolgt von Leo, Brunhilde und Irmengard, die sich wiederum an meinem roten Rucksack orientieren. Ich fühle mich wohl so und denke: So möchte ich meinen Weg im Leben und im Glauben immer gehen: meinen eigenen Schritt und mein eigenes Tempo machen, für mich allein sein und doch Kontakt zu den anderen halten – zu denen, die vor mir sind, und ihnen folgen, gleichzeitig Signal für die Nachkommenden sein.

Yenne liegt hinter uns und irgendwie hatte ich bei der sehenswerten Kapelle Ste-Marie-de-la-Montagne den Anschluss an die Gruppe verloren. Dann aber, der steile Weg hatte mich schon gehörig zum Schwitzen gebracht, näherten sich von hinten heftige Atemgeräusche. Wie schön, ich war also doch nicht das Schlusslicht, in Gesellschaft würden sich die Mühen des Anstiegs leichter ertragen lassen. Als ich aber zurückschaute, endete die aufgekommene Freude abrupt. Mit wütendem Knurren rannten zwei große Hunde auf mich zu! Der eine, ein starkes graues Tier in der Größe eines Schäferhunds, zeigte mir drohend knurrend und giftig bellend seine kräftigen Zähne, der andere war nicht ganz so giftig. Besänftigend redete ich auf die beiden ein, was sie aber erst recht in Rage brachte. Was tun? Zögernd ging ich weiter, begann schließlich halblaut vor mich hin meine rosenkranzähnlichen Tagesgebete zu wiederholen. Das hielt die Hunde zwar auf ein paar Schritte von meinen Hosenbeinen weg, beruhigte sie aber keineswegs. In meiner Not kamen mir automatisch einige Lieder auf die Lippen und siehe da, das mir schon seit meiner Kindheit vertraute »Mein Heiland, Herr und Meister« aus der Schubert-Messe wirkte. Das wütende Gebell ließ nach, verstummte schließlich. Noch kurze Zeit folgten mir die Hunde, dann fielen sie zurück und kehrten schließlich um.

Nun geht es über das Hochland des Aubrac mit seinen großen Granitblöcken und den typischen Aubrac-Rindern mit ihren ausdrucksvollen Augen. Die Wiesenküchenschelle kommt hier stellenweise vor. Ich knie mich mit Petra vor ihnen nieder, um an ihren Blüten zu schnuppern. Der Duft ist unbeschreiblich gut. Hier ist der Lebensraum des Steinschmätzers, den ich mehrmals sehe.

In La Chaze de Peyre besuchen wir die Kirche und machen ausgiebig Mittagspause am Missionskreuz – gemeinsam schmeckt's immer noch am besten! Anschließend wird's abenteuerlich: Der Weg ist teilweise sehr sumpfig und dreckig, etliche Gatter sind zu überklettern, sogar über eine Weide mit einem großen Stier muss ich mit meinem roten Rucksack – da wird es mir schon etwas mulmig. Unglaublich weite Landschaft, sehr hügelig, die Weiden mit Steinwällen voneinander abgegrenzt, große Felsbrocken mitten auf den Wiesen. Was sich hier wohl vor Millionen Jahren abgespielt hat? Die Narzissen wachsen üppig als Wiesenblumen, dazu die dunkelblaue Küchenschelle, Wildstiefmütterchen, Wiesenschaumkraut, kräftig gelber Löwenzahn und was weiß ich nicht noch alles – ich möchte alles in mich aufsaugen.

Eine ganze Stunde verbringen wir in der Kirche Saint-Pierre-de-Bessuéjouls. Sie ist phantastisch. Zum einen steht dort eine hinreißende kleine, verschmitzt lächelnde Gottesmutter. Obwohl aus Stein gehauen, ist sie so lebendig, dass ich sie nicht anschaue, sondern ihr und ihrem Kind zuschaue. Zum anderen gibt es im oberen Stock des Glockenturms einen Altarraum, der fasziniert. Wir können uns gar nicht sattsehen. Aber schließlich gehen wir doch weiter.

Ich gehe dann allein weiter, zunächst wieder am Lot entlang, dann lange auf der Straße in immer größerer Mittagshitze bis zur Kirche St.-Pierre-de-Bessuéjouls. Hier erlebe ich mal wieder ein kleines Pilgerwunder: Als ich gerade zum Glockenläuten den Angelus beendet habe, tauchen plötzlich Heide und Helmut hinter mir auf und verweisen mich auf die im ersten Stock des Turms gelegene Kapelle aus dem Mittelalter, die so richtig zur Ruhe einlädt.

Im nahen Café de la Forge genehmigen wir uns nach dem Besuch der Kirche und einer herrlichen Rast im Gras eine große Tasse Milchkaffee und kommen mit dem Wirt, der eher wie ein Bauer aussieht, ins Gespräch. Nachdem er gemerkt hat, dass wir seine Kirche gehörig bewundert haben, erzählt er uns, dass früher Mauren in dieser Gegend lebten, die sich gut in die einheimische Bevölkerung integrierten. Noch heute sei der Name Morel ein Hinweis darauf. Wir haben uns dabei an die dreilappigen Bögen an der Kirche erinnert, deutlich ein mozarabischer Einfluss.

St. Pierre-de-Bessuéjouls liegt nur drei Kilometer von Espalion entfernt, drei heiße, mühsame Kilometer. Die Kirche entschädigt uns aber dafür. Wir lassen uns nach der Besichtigung im Schatten im Gras nieder und essen etwas. Um uns herum lauter bekannte Gesichter: die Frau, die am Vorabend im Gîte versuchte, unsere Lieder mitzusingen, die drei Damen, die wir schon von St. Chély her kennen – man tauscht Eindrücke aus, albert ein wenig herum.

Wir machen uns an den steilen Aufstieg aus dem Ort. Auf der Höhe angekommen, laden große Steinblöcke im Schatten eines kleinen Gehölzes zur Mittagsrast. Lange sitzen wir hier und genießen den weiten Ausblick über das Tal des Lot und seine Seitentäler, aber ehe die Glieder ganz eingerostet sind, geht's an den Abstieg zum Fluss.

Oben angekommen rastet auf einer Wiese die ganze Gruppe –
in der Sonne. Das ist nichts für mich und ich gehe alleine weiter. Mich zieht es eher nach Campuac und zu seiner Bar. Die ist
aber nun ausgerechnet mittwochs geschlossen – quel dommage!
Aber die freundliche Bäckersfrau bietet uns heißes Wasser für
unsere Teebeutel und so können wir auf dem Dorfplatz auf
schattigen Bänken eine herrliche Vesper machen, denn der
Kuchen aus ihrem Laden ist vom Feinsten. Brunhilde und Petra
kommen dazu, später auch Georg. Wir gehen zusammen in die
Kirche: Von außen ist sie alt, innen modern gestaltet mit
Matisse-artigen Fenstern und einem beeindruckenden Jesus in
Bewegung ohne Kreuz. Ich entzünde eine Kerze für die Mutter
Maria und halte Andacht. Elisabeth und Evamaria singen einan-
der »Jubilate Deo« zu.

Christus auf dem Richterstuhl

Die Gestik der Arme und Hände ist eindeutig:
Die Rechte weist in die Höhe,
der linke Arm und die weit geöffnete Hand gehen in die Tiefe.

Gibt es für uns einen richtenden Gott,
dessen Hand in die Tiefe verweist?

Haben wir dieses Gottesbild nicht entschärft,
uns zur Beruhigung ein Bild geschaffen
von einem stets gütigen Vater, gar einem harmlosen Papa?

Was aber ist mit den vielen Millionen,
die um ihr Leben betrogen werden,
durch die Gewalt der Kriege und des Marktes,
verfolgt, geschunden und erniedrigt?

Hat Christus nicht ihnen versprochen,
dass sie, verfolgt um der Gerechtigkeit willen,
sich freuen dürfen; denn sie werden mit ihm in der neuen Welt
leben.

Christus hat uns das Gebot der Gewaltlosigkeit und der Liebe
hinterlassen.
Mit Seinem Wort wird, wenn Er sich auf den Richterstuhl setzt,
über unsere Erlösung eindeutig entschieden.

11.15 Uhr: Ankunft in Montcuq, wo gerade ein Bauernmarkt
stattfindet. – Zunächst haben wir ein langes Gespräch mit vier
Einheimischen, die alles von uns wissen wollen, uns auch auf
»unseren« Papst ansprechen – sie finden ihn sympathisch. Wir
müssen uns am Schluss losreißen und ihnen versprechen, für sie

Tympanon am Westportal der Abeiteikirche von Conques

in Santiago zu beten. Wir fragen uns zur Kirche durch, die gott-
lob abseits von dem Trubel liegt. Bei dem Gottesdienst fühle ich
mich nicht ganz wohl: Heute ist der 60. Jahrestag der deutschen
Kapitulation, hinter dem Altar sitzen vier Veteranen mit französischen Fahnen und starren düster in die Gemeinde. Nur zur
Wandlung erheben sie sich und senken die Fahnen. Obwohl ich
ein Kind der Nachkriegsgeneration bin, belastet mich immer
wieder, wie viel Leid die Deutschen mit ihrer Nazi-Ideologie
verursacht haben, und gerade hier in Frankreich, wo in jedem
Ort ein Ehrenmal an die Toten der beiden Weltkriege erinnert,
bin ich auch immer wieder dankbar für die heutige Freundschaft
zwischen den ehemals verfeindeten Nationen. Dann finden wir
viele Menschen am Gedenkstein für die Gefallenen der Kriege
wieder. Fahnenabordnungen der Veteranen und uniformierte
Gendarmen sind hier versammelt, einschließlich zahlreicher

Zivilisten. Der Bürgermeister spricht, dann drückt jemand auf den Kassettenrecorder und die Nationalhymne erklingt. Die Fahnen senken sich, die Uniformierten stehen stramm, die Menschen schweigen. Die Sache mit der Musik vom Tonband hat etwas Skurriles und traurig Künstliches an sich.

Auf dem Weg aus der Stadt heraus gehen wir zusammen über den Markt: Außer Lebensmitteln aus der Region gibt es auch Textilien und Geschirr und eine nette junge Frau bietet uns rechteckige Schirme an. Wir hoffen, dass wir sie nicht brauchen werden, und sie wünscht uns einen guten Weg. Nach einem Kaffee kaufen wir uns auf dem Markt noch 600 Gramm Beauregard-Käse. Bei einem 100-Gramm-Preis von 2,95 Euro ein rechter Luxus! Aber wir teilen uns Käse und Rechnung redlich.

Auf dem Abstieg nach Hornillos del Camino, den wir wegen Brunhildes und Helmuts Kniebeschwerden sehr vorsichtig angehen, überholt uns ein junger Mann und ruft uns ein fröhliches »Holá, buen camino« zu. Er humpelt, eines seiner Bein ist deutlich kürzer als das andere, sein linker Arm hängt bewegungslos herab, in der rechten Hand trägt er einen langen Pilgerstock, mit dem er sich geschickt abstützt. Ich erinnere mich an zwei andere Pilger, die wir schon überholt haben. Da war gleich am ersten Tag jene trotz der Hitze dick vermummte ältere Frau, die sich mühsam, auf deutlich behinderten Beinen, den Weg entlangschleppte, einen riesigen, voll gepackten Rucksack mit kleiner deutscher Fahne auf dem Rücken. Und da war die junge Asiatin, auch sie deutlich behindert, man musste an einen Schlaganfall denken, die sich langsam und konzentriert vorwärtsbewegte, ohne Blick herum. Bei beiden, welch ein Unterschied zu diesem jungen Mann, dem man trotz seiner Behinderung die Lebensfreude ansieht. Wie kann ich da über meinen seit dem ersten Tag stark schmerzenden Fuß jammern? Dieses Problem wird sich spätestens daheim lösen lassen. Aber Hut ab vor diesen drei Pilgern.

Der Mittag, die Krise

Wer um acht Uhr losgezogen ist, sich eineinhalb Stunden mit sich beschäftigt hat, danach die unterschiedlichsten Formen des Lebens aufgenommen und gedanklich verarbeitet hat, der spürt nach vier oder fünf Stunden Marsch, wie die physischen Kräfte nachlassen und auch das Interesse an dem, was ihn umgibt. Dann ist es an der Zeit anzuhalten, Körper und Geist eine Erholung zu verschaffen. Jedoch können auch bei aller Ruhe die Gedanken weitergehen: Warum habe ich heute einen schlechten Tag erwischt? Was hindert mich an einem freieren Gehen? Ist der Weg wirklich so weit, wie er mir vorkommt?

Ich möchte es ausdrücklich bejahen und unterstreichen, Pausen sind wichtig. Pausen gehören zum Weg wie die Strecke. Die aktiven und passiven Phasen, beide bilden den Weg. Die Mühe der Anstrengung und der Stolz auf die Leistung, aber auch das genussvolle Verweilen und weise Regenerieren der Kräfte, beides sind die zwei Seiten einer Medaille. Die größere Wegpause am Tag wird irgendwann zwischen zwölf und 14 Uhr sein. Meist wird es sich um einen Ort handeln, an dem neben der Kirche auch Gaststätten und Läden zu finden sind.

Ich, der ich mit einer Gruppe unterwegs bin, sehe die unterschiedlichsten Formen, diesen Aufenthalt zu gestalten. Die einen sehnen sich nach geordneten Verhältnissen in einem Restaurant, dessen Speisekarte ein reichhaltiges Angebot bereithält, eine warme Suppe, eine leichte Mahlzeit sind die bevorzugten Speisen. Interessiert durchstöbert man das Angebot nach Spezialitäten der Region und riskiert einen Versuch oder merkt ihn für den Abend vor. Andere begeben sich in ein Café, eine Bar und machen es sich dort gemütlich. Ich gehöre zu den Pilgern, die am liebsten in einem Laden etwas einzukaufen und sich in einem Park oder an einem schönen Flecken in der Nähe der Kirche niederlassen. Dort kann ich meine Schuhe aufschnüren und ausziehen, mich genüsslich auf dem Rasen ausstrecken. Wenn die Umstände günstig sind, ist sogar ein kleines Schläfchen möglich.

Der Körper hat um diese Zeit bereits einiges geleistet und gut 15 Kilometer zurückgelegt. Nach dieser Anstrengung sucht er Ruhe und Erholung. Um diesem vorgegebenen Biorhythmus zu entsprechen, ist die Stärkung und Ruhe am Mittag sehr günstig. Ich versuche durch das Pilgern meinen Leib besser zu verstehen, seine Bedürfnisse und Grenzen, seine Neigungen und Anforderungen kennenzulernen und ihnen zu entsprechen. Es geht nicht darum, den Körper durch übermäßige Leistung und Kasteiung zu bestrafen und zu überfordern, sondern ihn zu schulen und im Guten zu stärken, um dadurch eine positive Durchdringung von Geist und Leib zu erreichen, kurzum: Pilgern soll wohltun, pilgern soll heilen und so zu einer guten Erfahrung werden.

Ich habe meine Bedenken, wenn ich von Menschen auf dem Jakobsweg höre, die regelmäßig dreißig und mehr Kilometer am Tag gehen, die trotz großer Schmerzen an den Füßen und an Rücken und Schultern unbeirrt weitermachen, bis es nicht mehr geht. Der Jakobsweg ist kein Leistungsmarsch für Sportler, er ist auch kein Gepäckmarsch für verhinderte Fallschirmjäger, sondern eine geistliche Übung, bei der Leib und Geist in eine reifende Fülle kommen sollen.

Das Pilgern als geistliche Übung ist somit den allgemeinen Gesetzlichkeiten des geistlichen Lebens unterworfen. Die Lehren der frühen Mönchsväter kennen den Mittagsdämon als Gefahr, die gerade in der Mittagszeit lauert. Die Wüstenväter und -mütter des 4. und 5. Jahrhunderts lauschten durch ihr genaues Hinhören ihrem inneren Weg einige Geheimnisse ab, die sie uns über die Mönchsregeln übermittelt haben. Die Regel des heiligen Benedikt von Nursia hat dieses Wissen in etwa bis in unsere Zeit weitergegeben.

Heute ist uns der Begriff eines Dämons merkwürdig und fremd, will nicht in eine aufgeklärte nüchterne Denk- und Sprachkultur passen. Vielleicht ist er uns zugänglicher, wenn wir ihn mit geistiger Kraft oder starken Gedanken übersetzen. In diesem Falle wäre ein Mittagsdämon eine destruktive geistige Kraft, die uns typischerweise in der Mittagszeit heimsucht. Wie sieht das näherhin aus? Einerseits können sich Stolz und daraus folgend Leichtsinn einstellen, andererseits Sorgen und Traurigkeit. An manchen Tagen, wenn bereits viele Kilometer zurückgelegt sind und alles sehr gut gegangen ist, ich mich stark fühle, dann stellen sich bisweilen Ereignisse ein, die diese Hochgestimmtheit rasch dämpfen können.

Wir waren irgendwo in Zentralfrankreich unterwegs, erreichten gegen 13 Uhr einen gefälligen Ort mit Kirche und Einkaufsmarkt gegenüber. Nach Besuch des Gotteshauses besorgten wir uns etwas Essbares und verzehrten es im Kirchhof. Beim Aufbruch nach der Siesta stellte Hans fest, dass er seine beiden Wanderstöcke im Laden hatte stehen lassen. Da wir sie durch das Schaufenster sehen konnten, beschlossen wir im nahen Café auf die Öffnung des Geschäftes nach der Mittagspause zu warten. Als wir später dort vorstellig wurden, wurde uns bedeutet, es seien keine Stöcke vorhanden. Obwohl die Auskunft offensichtlich falsch war, konnten wir unser Anliegen nicht durchsetzen. So zogen wir enttäuscht von dannen. Als Pilger bestohlen zu werden, machte uns traurig, aber auch zornig. Diese Enttäuschung, in die wir uns fügten, erhielt im späteren Verlauf des Tages noch eine überraschende Wende. Eine resolute Französin, die von unserem Unglück Kenntnis erhielt, griff tatkräftig ein. Sie fuhr mit uns zurück und klärte in einem entschlossenen Gespräch die Situation. Ihr Plädoyer bei der Filialleiterin gipfelte in dem zornigen Ausruf: »Ich schäme mich für Frankreich!« Mit der Bemerkung, dass es sich um ein Versehen gehandelt habe, wurden uns schließlich die Stöcke zurückgegeben.

Der Mittagsdämon kann sich aber nicht nur in Situationen des Leichtsinns zeigen, sondern auch vorhandene Sorgen verstärken und übertreibend vergrößern. Mancher, der noch am Vormittag leichtfüßig voranschritt, findet nach einer längeren Mittagspause nicht wieder in den gewohnten Rhythmus, ist unmotiviert, lustlos und fragt sich, wie das Ganze überhaupt noch weitergehen könne. Mir scheint, dass es in solchen Situationen wichtig ist, Zeit zu gewinnen und Ruhe zu bewahren. Jeder Tag ist anders, birgt neben Schönem auch Schwieriges und bisweilen Hässliches.

Das Gehen auf dem Pilgerweg nach Santiago ist ein Einüben in einen besseren Alltag, der dadurch besser wird, dass man ihn ausgeglichener geht. Der weite Horizont, das tägliche Aufbrechen zu immer Neuem relativiert die Ereignisse im Tageslauf, sie gehören zum Weg wie die vielen Schritte, das Schweigen und die Gespräche. Den Mittagsdämon hingegen, die destruktiven geistlichen Kräfte, die sich in der Mittagszeit, wenn der Tag am höchsten steht, einstellen, sind Kräfte der Übertreibung, die den Menschen zur Leichtsinnigkeit der Euphorie oder aus Sorgen zur Depression führen. Dem gilt es entgegenzuwirken, um in die innere Balance zu kommen.

Dieser Grundsatz sollte schlechthin Erziehungsziel des Pilgerweges sein. Leben ist ständiger Wechsel, Leben ist ständige Bewegung, Leben ist ständiger Weg. Der Weg mit seinen unendlich vielen Schritten, mit seinen zahllosen Atemzügen, den Ereignissen und Begegnungen soll uns lehren, immer tiefer in einen inneren Ausgleich, in eine innere Balance zu gelangen. Auf der einen Seite soll und darf man sich nicht durch körperliches und geistiges Unwohlsein zu Überreaktionen verführen lassen, die dahin einmünden, vorschnell den Weg abzubrechen, andererseits soll und muss derjenige, der gravierende körperliche Störungen bei sich wahrnimmt, den Mut haben, zumindest für einige Tage auszuruhen oder sogar ganz abzubrechen und nach Hause zu fahren. Die Fähigkeit, das eine vom andern zu unterscheiden, wächst mit den Erfahrungen, die sich konkret einstellen oder die man als Geschichten, die am Weg erzählt werden, hört. Die Möglichkeit, in den Stunden der Mittagszeit in eine Krise zu geraten, ist nach dem Rat der Weisen jeden Tag gegeben, jedoch können wir ihr durch Aufmerksamkeit begegnen.

Darüber hinaus meine ich, dass die Übung des Jakobspilgerns insgesamt eine Art Krise darstellt. Das griechische Wort Krisis bedeutet Scheidung oder Klärung. Die Krise führt den Menschen gleichsam an eine Wegkreuzung, an eine Wegscheide. Ich muss mich entscheiden, links oder rechts, hier oder dort, beide Wege können nicht gleichzeitig gegangen werden. Ich muss mich ent-scheiden. In die Ent-Scheidung für einen Weg fließt die Kraft, die vorher stagnierte und nun wieder gebündelt ist. Oft zeigt sich in einer späteren Phase der nicht gegangene, alternative Weg dennoch wieder am Horizont.

Der Pilgerweg hat viele, sehr viele Wegscheiden, der Pilgerweg fordert mich täglich zu Ent-Scheidungen heraus, übt mich ein zum Verzicht und schenkt mir Kraft, den gewählten Weg zu gehen. Die Kraft des Weges, wie schon an anderer Stelle angedeutet, liegt in der Entscheidung und Begrenzung für das Ziel. Was aber ist das Ziel des Jakobspilgers?

Schmerzen

Die Füße rufen nach Rast,
sind der Last und
dem Weg nicht gewachsen.

Rücken und Schulter brennen und
schreien die Not hinaus.
Sie sind verhärtet, verspannt
nicht länger bereit zu tragen.

Doch die Sehnsucht der Liebe
macht das Herz weit
und den nächsten Schritt möglich.

Zur Mittagszeit finden wir hinter Märstetten einen wunderschönen Rastplatz mit Tischen und Bänken, Sonne und Schatten – für jeden das Passende. Vergnügt teilen wir unsere Vorräte, da wird Heide plötzlich von kolikartigen Schmerzen befallen. Trotz aller Bemühungen von Petra bleibt schließlich nur noch der Weg zum Arzt. Und da findet Bruder Jakobus, wohl mit Hilfe des heiligen Jakobus, mitten im Wald einen hilfreichen Mann, der Heide und Brunhilde nach Zezikon fährt, wo ein Arzt erste Hilfe leistet. Vergeblich, wie sich zeigen wird: Noch in der Nacht muss er erneut kommen und sie mit einem Darmverschluss ins Spital bringen. Für sie ist der diesjährige Weg zu Ende.

Nach dem anstrengenden Weg nach Einsiedeln bin ich am nächsten Tag so erschöpft, dass ich am Morgen kaum aufstehen kann. Heute gehe ich nicht früh los, heute brauche ich die Unterstützung der Gruppe und finde schließlich auch den Mut, meine Ängste vor diesem neuen anstrengenden Tag einzugestehen. Schon nach einer Stunde Marsch wird mir dann klar, dass ich so kraftlos nicht weitergehen kann, dass ich einen Ruhetag brauche. Wie gut, dass alle das verstehen und akzeptieren, so dass ich schließlich mit dem Segen der Gruppe zurückbleiben darf.

Bis Hennens gehe ich mit Georg, dann trennen sich unsere Wege. Kurz darauf treffe ich auf die am Feldrand pausierende Gruppe. Ich lasse mich bei ihnen nieder, wohl wissend, dass das Aufstehen hart sein wird. Die Sonne tut mir nicht gut, also gehe ich bald wieder weiter. Es geht steil bergab, mein Knie kreischt vor Schmerzen. Und so rette ich mich in glühender Hitze an der Broye entlang nach Grange Verney.

Nach wenigen Wegkilometern mein erster Schwächeanfall. Dank der mitgebrachten Beuroner Butterbrote, Evamarias Notfalltropfen und nicht zuletzt eines schattigen Rastplatzes geht es mir aber bald wieder besser. Den leichten Dämpfer hat es sicher gebraucht, damit ich nicht übermütig werde. Zur Stärkung für den Rest des Weges ziehe ich schnell noch einen Pilgerspruch – merkwürdig, warum fällt wieder ein zweiter mit raus?! »Welchen Weg du auch nimmst: eine Meile schlechter Strecke kommt immer.« (Spanisches Sprichwort). Na, wenn das nun schon meine schlechte Meile war, prima! Dazu dann noch die Versicherung: »Besser ein Lahmer auf dem Weg als ein Läufer auf dem Irrweg.« (Augustinus). Mit neuer Kraft und Zuversicht geht es an die letzten paar Kilometerchen bis Serrières.

Der Weg aufwärts war aber ein Klacks gegen den jetzt folgenden Abstieg. Es geht zwar wunderschön schattig durch Buchsbaumwald, aber eben brutal steil. Evamaria legt streckenweise den Rückwärtsgang ein, um die Knie zu entlasten. Unten angekommen, geht es keinen Schritt weiter. Zu Füßen eines Kreuzes sinkt sie nieder. Da sie nicht alleine bleiben will, bis ich ihr aus Yenne Heide schicken könnte, und für einen alleinigen Autostopp auch zu schwach ist, bleibe ich bei ihr. Ihrer Bitte, mit ihr um Hilfe zu beten, komme ich wohl nicht entschieden genug nach, jedenfalls rührt sich nichts. Als Evamaria dann aber die Arme gen Himmel reckt und lauthals fleht: O Gott, komm mir zu Hilfe, Herr, eile mir zu helfen! hält auch sofort ein Auto an und wir können die junge Fahrerin bitten, uns zu helfen.

Andreas ist angeschlagen, er hat starke Ohrenschmerzen, aber er will weitergehen. Gegen Mittag werden die Schmerzen so stark, dass er aufgeben muss, mitten in der Pampa. Zum Glück haben wir dieses Jahr ein Begleitfahrzeug dabei, da Heide nach ihren zwei OPs im Januar nicht laufen darf. Sie findet uns und bringt Andreas zum Arzt im nächsten Ort: Er hat eine schwere Mittelohrentzündung. Die Antibiotika nützen nichts – am nächsten Tag muss er nach Hause zurückfahren.

Vielleicht hätte ich gestern für die letzten Kilometer doch das vom Jaköble bereitgestellte Pilgerauto nehmen sollen. Der Spruch des Tages lautet jedenfalls: Manchmal ist viel Schmerz und Ermüdung nötig, damit man an seinen Körper glauben kann. Der Weg nach Les Abrets macht ungeahnte Schleifen über andere Orte, für die auf der Straße angegebenen drei Kilometer brauchen wir so zwei Stunden. So langsam sind wir doch nun wirklich nicht! Als die anderen vor der Kirche in Les Abrets Pause machen, gehe ich weiter – besser, ich bleibe in Bewegung, ich kann schlecht rasten, meine Beine schmerzen. Schließlich muss ich dann doch einen kurzen Halt unter einem Wegkreuz machen, wo sich Brunhilde, Margret und Petra wieder zu mir gesellen. In ewigem Auf und Ab geht es weiter. Die Knie schmerzen. Endlich erreichen wir Valencogne. Ich bin ziemlich fertig, die Knie schmerzen, es ist brutal hart, die Treppe rauf und runter zu kommen ohne Geländer.

Gerne hätte ich im Restaurant vor der Kirche einen kleinen Salat zu mir genommen, aber Evamaria will weiter und ich Dummkopf folge ihr. Nun findet sich aber nirgends ein schattiger Rastplatz. Verschiedene Versuche erweisen sich als Fehlschläge. Zunächst lagern wir auf einer eben doch nicht viehfreien Weide, die wir fluchtartig verlassen, als sich die Rindviecher nähern. Barfuß geht Evamaria weiter, in der Hoffnung, bald einen Alternativplatz zu finden. Vor einem Bauernhaus Tische und Bänke unter einer weinberankten Pergola, das wäre doch was. Wie gerufen fährt gerade ein Auto vor und wir fragen die Madame, ob wir uns dort niederlassen dürfen. Wir dürfen und wir kriegen sogar noch einen Tee gebracht. Leider ist aber das Weinlaub noch nicht so sehr dicht und der Platz erweist sich längerfristig als zu sonnig. Also geht es schon bald wieder weiter. »Schattenlose Steppe« und kein uns beiden genehmer Rastplatz weit und breit. Wir trennen uns. Evamaria bleibt am

Wegesrand im Schatten einiger Büsche im tiefen Gras liegen. Mir ist das zu unbequem, ich gehe weiter und finde schließlich in Ornacieux eine schattige Bank in einem Bushäuschen.

34 Grad, der Weg hat es wirklich in sich und die letzten Kilometer ziehen sich scheußlich dahin. Ich spüre, wie es in meinem Kopf immer heißer wird, weil ich es versäumt hatte, den Hut aufzusetzen. Endlich, am Ende einer anstrengenden Steigung, erreichen wir unser Quartier, einen Bauernhof. Auch Jakobus ist heute an die Grenzen seiner Kraft gestoßen, seine Füße sind wund und voller Blasen – er ist zunächst nicht ansprechbar. Irmgard macht Jakobus ohne viel Federlesens eine Fußmassage – das Bild kommt mir direkt biblisch vor.

Die Hitze im Rhônetal ist gewaltig, und da ich zu erschöpft bin, nach Chavannay reinzugehen, raste ich unter der Rhônebrücke. Der Rastplatz ist genau, wie man sich das »unter einer Brücke« vorstellt, voller Unrat und Dreck – aber immerhin ist er schattig. Schön ist es hier nicht, kühler wird es vorerst auch nicht, also beschließe ich, die letzten Kilometer im Hauruck-Verfahren »noch eben« zu bewältigen. Aber unterwegs haut mich die Hitze dann doch aus den Pantinen. Kein Sonnen-, sprich Regenschirm nützt gegen diese Glut. Knitterkaputt lasse ich mich im spärlichen Schatten eines Bäumchens nieder. Nach einer Weile kommen Jakobus, Bernd und Margret. Im Vorbeigehen überlässt Margret mir etwas von ihrem Wasservorrat. Langsam erhole ich mich. Zur inneren Stärkung ziehe ich mal wieder ein Kärtchen: »Pilgern heißt, mit den Füßen beten.« Muss denn Beten so anstrengend sein?!

Vereinzelt machen wir uns nach dem Besuch der Kirche auf den weiteren Weg. Eine chinesische Weisheit sagt zwar: »Wenn der Weg endet, verkürze deine Schritte.« Aber so kurz müssen sie ja nun nicht werden – und vor allem nicht so kurzatmig. Ich nehme – in Gesellschaft von Evamaria – mal wieder eine Schwächepause. Schließlich geht es bei strahlendem Sonnenwetter und damit ständig steigenden Temperaturen weiter. Auf den schattenlosen Höhen versuche ich mich abzukühlen, indem ich Regenlieder trällere. Reinhard Meys »Sauwetterlied« und »I'm singing in the rain«, es hilft kurzzeitig. Aber es wird Zeit für die nächste Pause – im Schatten. St-Germain-Laprade rückt näher, dort wird es wohl eine Bar geben. Schnurgerade läuft der Weg auf den Ort zu, aber unser Jakobsweg biegt links in die Felder ab. Was soll denn das?! Brav folgen wir der Auszeichnung, obwohl es geradeaus nur noch um die 500 Meter bis zur Kirche wären. Na, es sollte so sein. Denn auf diesem Umweg bricht dann plötzlich ein Regenguss los, der uns binnen Kurzem total durchnässt, so schnell kann kein Mensch einen Regenschutz überziehen. Wir sollten also gebadet und/oder ordentlich erfrischt werden! Vielleicht sollte auch getestet werden, ob ich wirklich im Regen weitersinge? Was ich natürlich tue! Kurzzeitig ist es zwar ein bisschen unangenehm mit den nassen Hosenbeinen, aber nach Kirchenbesuch und erfolgloser Restaurantsuche lassen wir uns, schon fast wieder trocken, auf einer herrlich schattigen Bank am Friedhof nieder, wo wir nun ausgiebig rasten.

Weder Hitze noch Regenguss und schon gar nicht ein im Lokal Abgewiesen-Werden können uns unsere Pilgerzuversicht und -vergnüglichkeit trüben. Das passiert höchstens bei endlos langen, heißen, an Hauptstraßen entlangführenden Einmärschen in große Orte, so wie es das Erreichen von Le Puy an einem sonnigen Nachmittag ist – aber auch dann nur kurzfristig, denn schon ein einziges Panaché lässt das Pilgerleben wieder in bunten Farben strahlen, wenn dazu das Fluidum eines alten Wallfahrtsortes wirkt. Wir sind in Le Puy. Wir sind wirklich angekommen. Wir sind wirklich da!

Pilger! Nicht du sollst den Weg machen. Lass zu, dass der Weg dich macht.

Unser kleiner Bus hat uns dieses Jahr nach Le Puy gebracht, von wo aus wir unseren Pilgerweg fortsetzen. Nach der Pilgermesse in der Kathedrale und einem Mut machenden Gespräch mit dem Bischof und gestärkt mit seinem Pilgersegen, sind wir am Morgen losgezogen. Es ist inzwischen heiß geworden und unser Weg steigt ständig an. Bei Montbonnet (1108 Höhenmeter) sehen wir uns die Chapelle St. Roch an. Sie stammt aus dem 11. Jahrhundert und war ursprünglich Jakobus geweiht. Der Kircheninnenraum ist in einem schlechten Zustand. Es ist recht feucht und da sehen wir Helmuts »rauchenden Rucksack«. Die Hitze draußen und der vergossene Schweiß führen dazu, dass der abgestellte Rucksack richtig dampft. Im Ort machen wir dann noch in einer Bar Rast. Der Wirt versichert, bis Saint-Privat-d'Allier gebe es kaum Höhenunterschiede. Er ist die Strecke sicher noch nie zu Fuß gegangen, denn uns erwartet ein sehr steiler, steiniger Abstieg. Meine Füße, besonders mein kleiner Zeh, tun schon seit einiger Zeit weh.

Gleich zu Beginn der Steigung aus Le Puy raus merke ich, dass dies nicht mein Tag ist, zumal es nun gegen halb neun auch schon gut warm wird. Petra begleitet und betreut mich. Der Weg ist wunderschön, aber ich kann ihn kaum genießen. Lichtblicke sind aber doch die Blumenwiesen, verschiedene Orchideen, die herrlichen Böschungen am Wegesrand, die munter singenden Vögel und zirpenden Grillen und sogar eine Smaragdeidechse. Beeindruckend sind auch die vielen Pilger, mit denen wir plötzlich auf dem Weg sind – ob das auf Dauer schön ist? Immerhin gibt's hier und da ein nettes Wort und einen guten Rat. Es geht ganz mühsam und nach acht Kilometern in St. Christophe-sur-Dolaizon gebe ich für heute auf. Petra zieht alleine weiter, ich erfrage mir im Dorf ein Taxi. Immerhin hat mir die heutige Etappe meinen Pilgernamen eingebracht, wie ich zwei Tage später im Vorübergehen höre: la dame lente – die langsame Dame.

Bergab, bergauf geht's in zunehmender Hitze weiter. Hinter Contaldes kehre ich um und mache doch den Abstecher nach Chanaleilles. Es ist noch früh am Tag und eine ausgiebige Rast in der Kühle einer Bar wird mir guttun. Nach einer Weile gesellen sich Hans und Georg dazu und wir verbringen eine muntere, erfrischende Mittagsrast in der Bar du Pont, in deren Hinterzimmer es einen kleinen Tante-Emma-Laden gibt, in dem man als Pilger »alles« kaufen kann (z. B. lösliche Gemüsebrühe). In der Dorfkirche entdecken wir im Chorraum hinter einem Gitter in einer dunklen Nische die schwarze Madonna »N. D. de Villeret«.

Immer in Sichtweite des mäandernden Flusses gelangen wir schließlich zu dem vom Weg abgelegenen Chanaleilles mit seinem sehenswerten romanischen Kirchlein und dem typischen Arkadenglockenturm. Eine ältere Französin sieht uns unsere Erschöpfung an und fragt, ob sie uns im Auto mitnehmen darf. Wir lehnen ab, akzeptieren dann aber dankbar ihr Angebot, wenigstens unsere Rucksäcke zur Domäne zu transportieren. Jetzt geht es weiter, später wieder auf der heißen, sonnigen Landstraße. Schließlich das Schild: Le Sauvage – noch weitere zwei Kilometer, völlig schattenlos, auf einer Staubpiste. Ein Auto überholt uns, hüllt uns in eine Staubwolke. Kurz darauf kommt es zurück. Die Fahrerin und ihr Begleiter fordern uns auf einzusteigen. Sie sind extra zurückgekommen, um uns zum Gîte zu bringen, weil sie gesehen haben, dass ich mich kaum mehr auf den Beinen halten konnte.

Eine SMS von Evamaria warnt uns vor dem steilen Auf- und Abstieg nach Estaing, wir bleiben also, wenn auch schweren Herzens, auf der Landstraße. Aber es wird immer mühsamer, in der Hitze auf diesem harten Boden zu gehen, zumal der Verkehr recht unangenehm ist. Mit Erleichterung sehen wir schließlich am Rande der Straße einige Baumstämme liegen, dazu noch im Schatten. Ein willkommener Rastplatz. Nach wenigen Minuten stoppt ein Radfahrer bei uns: Bonjour. – Es stellt sich sofort heraus, dass er auch Deutscher ist, aus Lüneburg. Er ist sichtlich froh, Menschen zu treffen, mit denen er sich verständigen kann, und erzählt uns von seinen Plänen: zunächst Santiago, dann an der Biskayaküste entlang zurück an die französische Atlantik-küste, dann hoch bis zur Normandie, wo er Freunde besuchen will. Wenn es das Heimweh zulässt ..., fügt er hinzu. Und plötz-lich beginnt dieser sechzigjährige Mann bitterlich zu weinen; er dreht sich von uns weg, versucht, die Fassung wiederzuerlangen. »Verzeihen Sie, aber es ist einfach so schrecklich. Ich hatte geglaubt, ich sei darüber hinweg ...« Noch immer ist es ihm nicht möglich, sich zu fassen. »Ist jemand in Ihrer Familie gestorben?«, frage ich vorsichtig. Er schüttelt nur den Kopf. Helmut erkennt es besser: »Ist Ihr Heimweh immer noch so schlimm?« Nach die-ser Frage nickt er, froh, dass es endlich heraus ist. Das Heimweh. Nur schweren Herzens trennt er sich von uns. Wir aber gehen weiter, froh in der Sicherheit, in solchen Momenten der Krise von unserer Gruppe aufgefangen zu werden.

Wir verlassen Lectoure, es ist Mittagszeit, wir sind müde und hungrig. Nach längerem Suchen nach einem schönen Plätz-chen beschließen wir, an einem Bauernhof endgültig Rast zu machen – und treffen dort zu unserer Überraschung und Freude die »Rennmäuse« auf der Wiese liegend. Wir teilen unser Essen miteinander.

Die Angst vor dem Abstieg. Wie oft habe ich mir das Höhen-profil für die Etappe 2005 angeschaut! Wie würde mein Knie auf die nicht gerade gewaltigen, aber häufigen Abstiege vom Causse-Plateau reagieren? Erinnerungen an die vorjährige Etappe kamen hoch, wie Heide und ich, auf uns allein gestellt, mühsam unseren Weg gehen mussten, uns am Schluss kaum noch nach Figeac schleppen konnten. Es waren nicht allein die Meniskus-Beschwerden im rechten Knie, die mir zu schaffen machten, sondern bei der Rückkehr nach Balingen diagnostizierte der Arzt, dass ich an Parkinson erkrankt war. Wie also konnte ich die neue Etappe bestehen? – Ich zählte mich bewusst zur Gruppe der Pilgerschnecken, die zwar langsam gehen, aber auch ankommen. Brunhilde schloss sich uns an, damit wir nicht allein gehen mussten; zudem wollte sie den Weg nicht durchrennen, sondern auf dem Weg Neues sehen, Begegnungen mit Menschen erleben. Barbara gehörte dazu und die Gespräche mit ihr haben mir gutgetan, auch manch langen Kilometer abgekürzt. Und meine Heide gehörte dazu, die mich durch ein gutes Wort anspornen, mich aber auch durch ein verstehendes Wort trösten kann.

Hinter Marsolan geht es steil den Berg hinunter, mein Meniskus-Knie streikt. Bevor der Abstieg zum Alptraum wird, nehmen mich Brunhilde und Heide zwischen sich, ich stütze mich nach rechts und links je auf eine Schulter, Barbara trägt die Stöcke und macht von hinten ein paar Späßchen, bis ich wieder aus eigenen Kräften weitermarschieren kann. Danke euch dreien.

Ich habe schlecht geschlafen, das Kopfweh vom Vortag ist immer noch da. Nach der Morgenandacht gehen wir los; wir haben vereinbart, dass jeder entscheiden soll, wie weit er gehen will, immerhin muss man ja auch den Weg wieder zurückgehen. Durch die kleine Straße Saint-Jacques geht es zunächst hinunter zu einem Stausee – schöne Morgenstimmung, wir sehen einen brütenden Reiher. Vorbei am »arbre des pèlerins«, einem großen, alten, mit Muscheln geschmückten Baum, in dessen Höhlung auf halber Höhe eine Grotte mit einer kleinen Madonnenstatue eingerichtet ist. Darüber ein paar abgelaufene Schuhe, daneben ein Hufeisen, alles liebevoll mit Blumen geschmückt. Dann geht es steil hinunter – ich denke schon jetzt wieder an den Aufstieg später in der Mittagshitze. Es ist ein seltsames Gefühl, kein Ziel zu haben, ich empfinde es als unangenehm, zu wissen, dass wir alles wieder zurückgehen müssen. Es ist eine Art von »cafard«, eine Depression: Warum gehe ich eigentlich diesen Weg, wozu diese Anstrengung? Wohl auch hervorgerufen von meinen Kopfschmerzen, meiner Müdigkeit. Plötzlich erscheint mir alles so fragwürdig.

In Arthez-de-Béarn mache ich Pause und trinke einen grand café, dann fängt es an zu regnen und ich bleibe noch in der Bar auf ein Glas Panaché. Wer in den zwei Wochen auf dem Pilgerweg nicht einmal in die Krise kommt, hat nicht gepilgert, hatte Jakobus am Anfang mal gesagt (oder so ähnlich). Jetzt ist es über mich gekommen: Warum? Warum das alles? Warum ich? Quälende Fragen und noch quälendere Antworten! Nachdem ich meine Tränen (oder waren es nur Regentropfen?) abgewischt habe und es wieder heiter wird, gehe ich weiter über den wunderbaren Höhenweg an den vielen Esskastanien vorbei, immer mit den Pyrenäen zur linken Seite.

Der Weg ist herrlich, oft gibt es schöne Ausblicke, zurück auf die Pyrenäen und auf welliges Hügelland. Sollte der Abstieg wirklich so harmlos sein? Nein, nach dem Erro-Pass beginnt der Abstieg nach Zubiri: die Hohlwege sind zum Teil völlig ausgewaschen, voller Geröll, eine Qual für Helmut. Barbara und Brunhilde sind die ganze Zeit mit uns gelaufen, wir bitten sie jetzt, doch in ihrem Tempo weiterzugehen, wir müssen uns einfach Zeit lassen. Irgendwann werden wir von einer Gruppe älterer Schweizer überholt, treffen aber zu unserem Erstaunen bald wieder auf sie. Eine der Frauen lässt sich den verformten nackten Fuß von ihrem Mann massieren, sie hat sichtlich Schmerzen. Wir bleiben stehen, es entspinnt sich ein Gespräch, über unseren jeweiligen Weg. Danach geht es Helmut deutlich besser. Endlich die alte Pilgerbrücke Puente de la Rabia.

Es wird immer mühsamer für Helmut, sein Akku ist leer. Ich will ihn in eine Bar einladen, aber keine Chance: Es gibt in diesen Kuhdörfern nichts, nur Hunde, Dreck, Gestank. »Steter Tropfen höhlt den Stein« – hoffentlich höhlt der lange Weg nicht Helmuts Kraft zu sehr! Dann kurz hinter Brea endlich: Kilometerstein 100. Obwohl wir wissen, dass die Zahl nicht ganz stimmt, kommt Jubel auf, soll unsere Herberge ja bei Kilometer 99,5 sein. Und kurz darauf liegt tatsächlich die Casa Morgade vor uns, ein sehr schönes, liebevoll restauriertes altes Haus aus Natursteinen, in dessen schöner Atmosphäre Helmut sich wieder entspannen und ausruhen kann.

Nach unserer Ankunft in Portomarín wollen wir natürlich die Stadt erkunden, sind natürlich auf die Johanniterkirche gespannt – wie fast alle Kirchen ist sie geschlossen. Da können uns auch die wirklich schönen Portale nicht tröste. Zudem hat Helmut sehr starke Schmerzen im rechten Knie, kann kaum mehr gehen. Ist es ein erneuter Meniskusschaden, verursacht durch den steilen Abstieg? Ist es die Arthrose oder etwas anderes? Und das nur hundert Kilometer vor Santiago! In Helmut steigt langsam Wut auf, ich kann ihn nicht mehr trösten. Im Schneckentempo gehen wir in die Pension zurück.

Die Atmosphäre so nahe bei Santiago hat sich verändert. Hier, so kurz vor dem Ziel, empfinde ich das zwischenmenschliche Klima anders als noch am Anfang, wo wir oft angesprochen wurden, wenn jemand Helmuts Probleme bemerkte, oft nur ein freundliches »Geht's?« oder ein aufmunterndes »Well done« am Ende eines schwierigen Abschnitts. Nun habe ich fast das Gefühl, jeder ist Einzelkämpfer, nur noch auf das Ziel Santiago konzentriert. Es gibt weniger Aufmerksamkeit für den Nächsten. Das Gespräch über dieses Phänomen ruft uns ein Erlebnis auf dem Weg nach Gonzar ins Gedächtnis, das genaue Gegenteil des Gesagten. Wir bemerken beim Zurückschauen eine größere Gruppe, die langsam zu uns aufschließt, fast alle in roten Regenmänteln. Wie die Wichtelmänner, dazu fast schweigend, ganz anders, als wir sonst spanische Gruppen erleben. Als sie uns überholen, stellen wir fest, dass die Rotgekleideten alle Behinderte sind, einige körperlich, alle aber eindeutig geistig behindert. Sie leiden wie wir in dem eisigen Regen, geben aber freundlich unseren Gruß zurück. Die Betreuer strahlen uns an, ermuntern ihre Schützlinge mit einem Lächeln. Unterwegs sein mit einer so großen Behindertengruppe (etwa 15) – was für eine Aufgabe! Allein das zu sehen gibt uns wieder neue Kraft.

Dann noch ein langer Aufstieg zur Hauptstraße hinauf – hoffentlich ist es der letzte. Wir gehen zunächst auf dem Pilgerweg neben der Straße, dann, als der völlig erschöpfte Helmut Probleme wegen der vielen Stolpersteine hat (unsere Steinsammlung begleitet uns immer), auf der Straße bis Hospital da Cruz. Der eisige Regen peitscht uns entgegen, wir frieren entsetzlich. Wann nur kommt das Hostal?

Der Nachmittag, das Ziel

Mir fällt es schwer, nach der Pause aufzubrechen. Auf dem großen Weg ist jeder Aufbruch unwiderruflich, denn hierher werde ich nicht noch einmal zurückkehren. Das Voran auf dem Weg ist unerbittlich. So gilt es Abschied zu nehmen und den Ort, der Erholung schenkte, zurückzulassen. Der Blick und die Gedanken gehen nach vorne und ich stelle mich darauf ein, das Tagesziel zu erreichen. Jetzt bin ich dankbar, dass ich am Vormittag schon über die Hälfte des Tagesweges unter die Füße genommen habe und nun nur noch der kleinere Rest des Weges vor mir liegt.

An seltenen Tagen sieht es anders aus, dann nämlich, wenn die örtlichen oder persönlichen Umstände es mit sich bringen, dass noch eine große Strecke zu bewältigen ist. Beim Aufbruch geht wie immer der Blick sorgsam in die Runde, dass nichts zurückbleibt von der kostbaren Pilgerausrüstung, aber auch kein Abfall, der Pilger in Verruf bringt. Selbst Kleinigkeiten wie Sicherheitsnadeln, Salzstreuer oder Teelöffel sind wertvolle Details der Pilgerausstattung. Ein Zurück wird es in wenigen Minuten nicht mehr geben.

Ich mache die Erfahrung, wie schwer es ist, nach einer längeren Pause erneut ins harmonische Gehen zu kommen. Die Muskeln und Gelenke sind hart und steif geworden, der Rücken empfindsam und der Geist zerstreut. Das Erneuern der Kräfte geschieht ja in der Entspannung und im Loslassen. Jetzt aber gilt es, sich wieder unter das Gesetz des Weges zu stellen, die Kräfte und den Geist anzuspannen und ihnen die Leistung des Voran abzufordern. Was am Morgen und Vormittag gut gelang, der Schwung, mit dem ich am Ort der Mittagspause eintraf, muss erst wieder neu gewonnen werden und ist nicht selbstverständlich.

Dennoch erstaune ich immer wieder, wie dienstbar mein Leib ist, wenn ich ihm gut zurede und ihn auf das gute Ziel hin ausrichte. Jetzt hilft ein gutes Gespräch, das sich ergibt und Zeit und Mühe wie im Fluge vorbeigehen lässt. Hilfreich und beliebt ist auch das Singen eines kleinen Liedes oder Kehrverses, das allein oder zu mehreren gesungen den Schritten neuen Schwung verleiht.

Aber wie immer gilt es, Rücksicht zu nehmen und taktvoll zu sein, denn andere Pilger, die mit uns auf dem Weg sind, können in anderer Verfassung sein, die Stille suchen und sich gestört fühlen. Überhaupt ist es ein sehr großer Unterschied, allein oder in Gemeinschaft mit anderen zu pilgern. Ein Unterschied, der nicht unterschätzt werden darf. Aber auch in der Gruppe ist jeder einzeln für sich unterwegs und steht in eigener Verantwortung. Nie sollte es zu einer Vereinnahmung des Einzelnen durch die Gruppe kommen.

Auf der anderen Seite muss der Einzelne die Kunst lernen, sich einzufügen. Immer wieder beobachte ich, wie Pilger, die bereits längere Zeit alleine unterwegs sind, sich für einige Stunden oder Tage intensiv an ein Gruppenmitglied und damit an die Gruppe anschließen. Der Einzelpilger, der all die inneren Prozesse für sich aushalten und einordnen muss, kann nach Tagen und Wochen übervoll mit inneren Erfahrungen sein. Bei passender Gelegenheit, zu der auch die Muttersprachlichkeit gehört, bricht es dann vehement hervor und all die Gefühle und Gedanken, seien es schwere oder schöne, drängen ins Wort. Ein offenes Ohr, ein Ohr, das im Herzen einen Resonanzboden findet, vermag einfühlend sehr viel aufzunehmen und so zu entlasten. Wie in der schon geschilderten Laienbeichte können so kleine Wunder am Wegesrand geschehen. Überhaupt stelle ich fest, dass Kontakte zwischen den Pilgern unterschiedlichster Nationalitäten, Gesellschaftsgruppen, Altersstufen und Bildungsschichten schnell und einfach zustande kommen. Natürlich bleibt dies ganz lebendig und individuell nach Temperament und Geneigtheit. Diese große Gemeinschaft der Pilger darf nicht überstrapaziert werden und in Kumpanei ausarten.

Gerade diejenigen Pilger, die in den spanischen Refugios nächtigen, kennen das Für und Wider von Nähe und Distanz untereinander.

Bald beginne ich am Wegesrand nach Entfernungsangaben zu suchen, die auf das heutige Tagesziel hinweisen. Meine Gedanken gehen voraus, denn ich wittere Stallluft, ich frage mich, wie wird das Ankommen sein, werden wir ein Quartier finden, wie werden die Umstände sein, das Zimmer, das Bett, die Wirtsleute. Werden meine Sprachkenntnisse ausreichen, um die Begrüßung, Erledigung der Formalitäten und die Einweisung gut zu verstehen. Auf dem Weg durch abgelegene Provinzen Frankreichs und Spaniens sind wir auf Dialekte gestoßen, die zusätzliche Verständigungsschwierigkeiten mit sich brachten. Hilfreich war für mich stets die Einsicht, dass bereits Hunderte und Tausende von Pilgern vor mir diesen Weg gegangen sind und die gleichen Schwierigkeiten gemeistert haben. Unter diesem Gesichtspunkt ist es eher erstaunlich, mit welcher Geduld und Hingabe die Gastfreundschaft jeden Tag aufs neue dem Pilger entgegengebracht wird.

Für mich gehören sie zusammen, die Menschen, die den Weg nach Santiago gehen, und die Menschen, die an eben diesem Weg leben. Die Begegnung zwischen Pilger und Gastgeber, die Begegnung am Wegesrand ist für mich ein erstaunliches Phänomen der Menschlichkeit neben den auch vorhandenen kommerziellen Aspekten. Wie viel Spontaneität und Kreativität sind mir begegnet, Kreativität in der Ausgestaltung von spontan errichteten Cafés und Trinkstuben, wie viel liebevolles Engagement von Hausfrauen und Hauseigentümern erlebte ich, die zu Kaffee und Erfrischungen einluden und uns ihre Zeit schenkten. Wie viele Initiativen von Bürgermeistern, Land- und Gastwirten sind uns begegnet, die es sich zum Ziel gesetzt hatten, den Pilgerweg lebendig zu gestalten. Hier erlebe ich Begegnung auf dem Weg, die geeignet ist, alte Vorurteile abzubauen und eine neue Gemeinsamkeit der Menschen gedeihen zu lassen. Insofern ist die Erklärung der Jakobswege zur Kulturstraße Europas sehr treffend und wirksam.

Wenn der Nachmittag voranschreitet, wächst die Spannung des Ankommens. Jeder Tag, jede Etappe braucht ein Ziel, einen Ort des Ankommens. Wie es stimmt, dass der Weg selber Ziel ist, so stimmt es auch, dass der Weg ein Ziel braucht. Mehrfach haben wir erlebt, dass selbst bei guter Planung kein gastliches Haus auf uns wartete. In einem Fall war die vorgesehene Herberge abgebrannt und wir mussten uns kurzfristig nach Ersatz umsehen. Durch Hinweise fanden wir einen Bauernhof, der von einem älteren Ehepaar bewirtschaftet wurde. Der etwas verwahrloste Eindruck des Anwesens wurde überreich ausgeglichen durch die herzliche Gastfreundlichkeit der Menschen. Beim Abendessen wurden alle selbstgemachten Spezialitäten serviert und man freute sich sichtbar über unseren Appetit und unser Lob. Als wir dann noch den Abwasch übernahmen, war Madame begeistert. An einem anderen Tag mussten wir erleben, dass unser Quartier infolge Insolvenz geschlossen war. Durch das Fenster konnten wir im Speisesaal noch die schön eingedeckten Tische sehen. Auch hier fanden wir in unmittelbarer Nähe Ersatz, in Gestalt eines recht vornehmen Hotels, das uns zu günstigem Pilgertarif Übernachtung in schönen Zimmern ermöglichte. Der Ehrlichkeit halber denke ich auch an das ein oder andere Quartier, dessen räumliche und sanitäre Ausstattung recht primitiv daherkam und eine kräftige Portion Pilgergelassenheit und Askesebewusstsein erforderte.

Und dann bin ich da, stehe vor einer Tür, gehe hinein und spreche den Gastgeber an. Wie wichtig ist hier das erste Wort, das Wort, das die innere Tür öffnet, den Kontakt herstellt und spürbar macht, dass wir uns als Menschen begegnen. Das freundliche Wort des Gastgebers, das Gefühl, dass ich willkommen bin, ist ein wichtiges Angeld für einen erholsamen Aufenthalt, eine erholsame Nacht. Wie abhängig bin ich davon, wenn ich unterwegs bin, wie notwendig ist diese Erfahrung in der Fremde, wie bedürftig bin ich danach auf dem Weg und wie unterschiedlich waren unsere Herbergen.

Jede Variation habe ich erlebt, Einzel-, Doppel- und Mehrbettzimmer mit und ohne Dusche, Schlafsaal für die ganze Gruppe, Massenquartier mit vielen anderen Pilgern, mit und ohne Abendessen und Frühstück, Gelegenheit zum Selberkochen, Gemeinschaftsküche mit anderen Pilgern. Und immer neu das kleine Wunder, es geht und schmeckt in fröhlicher Runde. Das tägliche Ankommen ist bei allen Unterschieden am jeweiligen Ort doch auch eine Kunst und Gewohnheit, die zu üben ist. Bescheidenheit und Dankbarkeit, Offenheit und guter Wille sind wichtige Grundeinstellungen, die helfen, sich überall schnell zurechtzufinden.

Leider gibt es auch seltene Ausnahmen, in denen man sich als Pilger durch einen zu kommerziellen und geldgierigen »Gastgeber« ausgenutzt und übervorteilt fühlt. Schon die mittelalterlichen Pilgerberichte erzählen warnend von Herbergen und Gastwirten, die mit ihrer Abneigung gegenüber einzelnen Nationalitäten oder durch ihre Geldgier, die auch vor Diebstahl und Mord nicht zurückschreckte, Aufsehen und Ärgernis erregten. Überhaupt ist die Kommerzialisierung der europäischen Jakobswege eine gewisse Gefahr, das Pilgern zuerst unter touristischen Gesichtspunkten zu vermarkten. Auf der anderen Seite brauchen der Weg und die zahlreich gewordenen Pilger eine verlässliche und solide Infrastruktur für die unterschiedlichen Bedürfnisse von Jung und Alt, Fromm und sportlich, für Einzelne und Gruppen. Es wird sie weiterhin geben, die großen Ansammlungen von Buspilgern und Reisegruppen, die an den zentralen Plätzen wie Burgos, León und Santiago Hotels, Cafés und Kirchen überschwemmen, aber es wird sie auch weiterhin geben, die einsamen Wege im Berner Oberland, im Aubrac, in Navarra und in der Meseta.

Für mich hat das Ankommen am Ziel verschiedene Aspekte und Bedeutungen. Da sind auf der einen Seite die vielen täglich erreichten Ziele, da sind die Orte, an denen die Jahresetappen endeten, und da ist das abschließende Pilgerziel, das große Ziel des Jakobspilgers: Santiago de Compostela. Gerade die Erfahrung des letzten Zieles ist von den anderen doch deutlich unterschieden, da all diese auf das große Ziel ausgerichtet sind. Gibt es bei diesen noch ein danach, so hat jene Ankunft eine gewisse Endgültigkeit. Doch davon soll an anderer Stelle noch gesprochen werden.

Staub der Erde

Erde,
immer anders
und lebendig.

Stein und Lehm,
staubig und warm,
göttliche Materie.

Quell allen Lebens,
voller Energie,
oft verachtet,
trägst Du alles,
auch mich und
meinen Schritt und
jeden Schritt meines Lebens;
Du, mein Weg.

In strömendem Regen gehen wir die fast endlosen letzten Kilometer nach Ingenbol. Im Kloster mit seinen engelsgleichen Schwestern komme ich mir nach diesem Weg vor wie im Paradies. Wir werden aufs Freundlichste begrüßt, es gibt Zweibettzimmer, was nach all den Gruppenquartieren nachgerade paradiesisch ist, und dann bietet diese engelhafte Schwester Zita auch noch an, sich um die Wäsche zu kümmern! Dass ausgerechnet dieses Quartier genau nach der schweren Haggenegg-Etappe erreicht wird, muss auch der heilige Jakobus eingefädelt haben.

Der Aufstieg zum Brünig ist geschafft, völlig durchfroren und durchnässt von dem eisigen Regen erreichen wir schließlich das Naturfreundehaus (1002 Meter), dessen Zimmer leider ungeheizt sind. Als wir trockene Sachen anhaben, machen wir uns mit vereinten Kräften an die Zubereitung von Evamarias Minestrone, die lecker schmeckt und unsere Lebensgeister wieder weckt. Anschließend sitzen wir noch bis elf Uhr in der Nacht im durch einen Kamin herrlich warmen Aufenthaltsraum zusammen.

Heute übernachten wir im Künzi-Hof in Grundbach, schlafen im Stroh. Ein mörderischer Anstieg zum Schluss: 300 Meter Höhendifferenz auf knapp eineinhalb Kilometer Wegstrecke! Heide, die diesen Tag wegen ihrer erneuten Darmprobleme mit Zug und Bus gefahren war, ist schon seit Mittag da und wurde von Frau Künzi mit Tee und Suppe versorgt. Wir bekommen ein wunderbares Abendessen: Salat aus dem eigenen Garten, Kartoffelgratin mit Züricher Geschnetzeltem, Gemüse, Kuchen zum Nachtisch, wunderbar. Die Gastgeber sitzen mit uns am Tisch, wir unterhalten uns angeregt, erfahren viel von ihrem Leben. Wir sind beeindruckt, wie selbstverständlich Herr Künzi anschließend das Spülen übernimmt und sich dabei locker weiter unterhält. Eine ähnliche Erfahrung werden wir dann beim Schlafen im Stroh bei der Familie Riesen machen. Und für beide Frauen ist es eine Selbstverständlichkeit, für Heide zusätzlich wegen ihrer Darmprobleme eine große Terrine Suppe zu machen.

Endlich erreichen wir Fribourg am Fuße der Altstadt. Plötzlich ragt der Turm der Kathedrale über den Dächern empor – es ist einzigartig. Durch die engen romantischen Altstadtgassen steigen wir zur Stadtmitte hinauf, machen Statio in der St. Augustinus-Kirche und erreichen schließlich die Kathedrale. Oft werden wir als Jakobspilger von Passanten angesprochen, die uns viel Glück und einen guten Weg wünschen. Diese Herzlichkeit freut uns. Auch in die Kathedrale mit ihren herrlichen Jugendstilfenstern gehen wir natürlich und sind jetzt neugierig auf Helmuts Führung morgen.

Das Personal der Jugendherberge ist nicht auf so viele Gäste auf einmal eingestellt, so dass die Anmeldeprozedur recht lange dauert. Auf unsere Frage nach einem Abendessen verspricht uns der dunkelhäutige Koch »une surprise«, eine Überraschung: Es sind Tortellini ohne Soße und aus breiten Nudeln mit Erbsen und Mais mit einem sehr pikanten afrikanischen Gewürz. Wir haben wieder einmal einen Gemeinschaftsschlafsaal. Die Betten sind gut, die Luft schlecht, aber nach einem Bier in der Stadt schlafen doch die meisten recht gut.

Hier in Beaumont sind wir erstmals in einem Gîte untergebracht. Es ist ein kleines Gebäude, eine ehemalige Käserei neben einem Bauernhof. Die Besitzer haben nicht so früh mit uns gerechnet, die meisten von uns warten noch auf sie auf einer Bank unter dem vorgezogenen Dach, haben die Schuhe und Strümpfe ausgezogen und genießen die Luft an den heißen Füßen. Ich gehe in die Kirche. Darin finde ich ein ungewöhnliches Altarbild: Links sieht man Maria beim Spinnen, Josef bei der Arbeit, während das Jesuskind ihm ein kleines Kreuz zuträgt. Kurz nach meiner Rückkehr trifft auch der junge Betreiber ein, endlich können wir uns frisch machen. Der Gîte ist in einem alten Gebäude mit dicken Mauern, ganz neu und liebevoll hergerichtet. Unten ist der Gemeinschaftsraum mit Kochgelegenheit, oben eine nicht abschließbare Dusche und ein WC mit Glastür – zum Glück hängt ein kleiner Vorhang dran. Die Frau hat für uns Lebensmittel und Wein besorgt, es gibt Spaghetti mit Tomatensoße, Salat, und zum Nachtisch Obstsalat mit Pilgerschnaps – das Pilgerleben ist wieder einmal herrlich. Dann ist noch Zeit für ein Pilgergespräch. In der Nacht werde ich wach und sitze, im Schlafsack eingehüllt, lange auf der Bank vor der Tür.

Das letzte Stück nach Chaumont steigt wieder lang und beschwerlich. Natürlich: »Mont« heißt Berg, »chaud« heiß. Und der Berg macht seinem Namen alle Ehre. Endlos werden die angekündigten zehn Minuten bergauf verlängert. Als ich schließlich oben ankomme, sehe ich Bernd, Elisabeth und Andreas im Café sitzen. Die ersten zwanzig Minuten am Ziel sind doch die schönsten, sage ich, und bestelle mir gleich auch ein kühles Bier. Dann werden die Abenteuer und Wegerfahrungen des Tages ausgetauscht, es wird viel gelacht, gestöhnt, aufgeatmet. Für heute ist Erholung angesagt.

Wir sind in dem einfachen Gîte neben der Auberge du Pralet untergebracht, mit Ziehdusche mit eiskaltem Wasser und Stehklo unten, nur über eine ausgebrochene Außentreppe zu erreichen. Eine Zumutung, aber dafür ist das Abendessen in der Auberge wunderbar.

Das Spannende am Pilgern ist, dass man morgens und unterwegs nie weiß, was einen abends erwartet. Heute war es heiß,

31 Grad, Georg konnte einmal sogar seinen Fußabdruck im weichen Asphalt sehen. Und dabei sind wir knapp dreißig Kilometer gelaufen. So sind wir völlig erschöpft, als wir in unserem Quartier, Les Millières, in Faramans ankommen. Es ist ein altes Landhaus mit einem paradiesischen Rosengarten, in dem es überall versteckte Sitzgruppen gibt. Im Haus selbst gibt es nur wenige Übernachtungsmöglichkeiten, aber Monsieur Gilibert, der Hausherr, hat am Waldrand Blockhütten gebaut, in dem unsere Männer schlafen dürfen. Nach dem Pilgergespräch können wir auch an einem langen Tisch im Garten essen: Monsieur Gilibert hat Fleisch, Würste, Salat und Brot eingekauft und den Grill angeheizt. Dazu hat er uns sogar ein leckeres Kartoffelgericht gemacht. Anschließend dürfen wir sogar seinen alten Weinbrand und den Birnenschnaps seiner Schwiegereltern probieren.

Ein kurzer, etwa sechs Kilometer langer Pilgerweg führt uns auf die Anhöhe und zu unserer ersten Herberge, einem schönen Gîte mit einem liebevoll angelegten Garten. Am Abend haben wir ein Pilgergespräch über das Leben des heiligen Benedikt.

Vom Berg der Freude aus können wir dann zum ersten Mal Le Puy sehen: die Madonna und St. Michel d'Aiguilhe. Es hat aufgehört zu regnen und die Sonne scheint wieder an diesem Freudenmoment. Auf der alten Brücke der Kartäuser überqueren wir die Loire, aber es ist noch lange nicht geschafft: Die Straße durch die Außenbezirke von Le Puy in der Nähe der Bahngleise ist heiß und lang. Aber der Blick auf den Mont Michel ist unser Begleiter. Im Gîte d'Ètape des Capucins stellen wir zuerst unser Gepäck ab, bevor wir zum ersten Mal die Treppen zur Kathedrale emporsteigen. Geschafft!

Margret kommt erst am nächsten Nachmittag an, sie ist den letzten Tag bei der fußkranken Irmengard in Querrières geblieben und dann in einem Gewaltmarsch nachgekommen. Gemeinsam mit uns anderen besucht sie nun am Nachmittag die Stadt. »Aber ich kann's gar nicht genießen: Ich bin hundemüde, verschwitzt und traurig, dass schon wieder alles vorbei ist.«

Der krönende Abschluss für unsere Pilgerfahrt in diesem Jahr ist für mich der gemeinsame Aufstieg zur Kirche St. Michel d'Aiguilhe. Die kleine Kirche erinnert mich an den Michaelsberg in Siegburg, meiner Geburtsstadt. Ob die anderen auch etwas von der Kraft dieses Engels ahnen? Hier bekomme ich ein bisschen Heimweh und mir wird klar, wie weit wir nun im dritten Jahr schon von zuhause weg sind – es ist die Fremde, das »Elend«, und es wird in den nächsten Jahren nicht besser. Aber das gehört zum Jakobsweg.

Nach einem steilen Abstieg erreichen wir Cajarc; wir beziehen einen sehr einfachen Gîte communal, leider gibt es auch nur kaltes Wasser zum Duschen.

Der Gîte liegt genau im Zentrum, hinter der Place du Foirail: ein hohes altes Haus, das öffentliche Klo direkt davor. Eine enge Treppe führt in den ersten Stock: hinter einer Tür die Küche, davon ausgehend einige Zimmer. Alles ist schon belegt, bis auf ein Viererzimmer, das für uns reserviert ist (Frauen). Die Männer, Evamaria und ich liegen im großen Schlafsaal unterm Dach. Der Vorteil: keine Stockbetten, eine eigene Dusche. Und trotzdem ist alles wieder gewöhnungsbedürftig: enge Räume, mäßige sanitäre Verhältnisse, schlaflose Nächte. Wir sind froh, dass wir an diesem warmen Abend nach außen ausweichen können. Schön ist es, diesen kleinen Ort schlendernd zu entdecken, der Altstadtkern ist belebt von Kindern und Anwohnern, die Kirche verwirrend durch die verschiedenen Stile. Der Einkauf für die nächsten Tage rundet den Ausflug ab. Safran wird hier angebaut und angeboten, sehr interessant. Dann essen wir im

Restaurant, trinken ein Bier in einem Straßencafé, sitzen auf der Wiese. Irgendwie geht die Nacht schließlich herum.

Le Canabal ist ein liebevoll gepflegter Ort, auf dem Rasen vor dem Haus rastend und ruhend erhole ich mich, während der Wirt in Windeseile den Gîte von einer Ferienwohnung für fünf Personen, die letzte Nacht hier wohnten, in eine Herberge für 14 umrüstet. Ich genieße das Alleine-Ruhen auf dem Rasen, verspeise meine letzten Vorräte und erhole mich.

Wenn man sich dem Gîte nähert, sieht man zunächst nur eine Art Taubenhaus neben der Scheune, dahinter ist er erweitert. Alles sehr originell: Vom Eingang kommt man zunächst in den Aufenthaltsraum mit Küche, daneben liegt der Schlafsaal, der durch zwei Notbetten recht eng geworden ist. Auf der Empore noch zwei Schlafmöglichkeiten, erreichbar über eine Hühnerleiter. Eine enge Wendeltreppe führt nach unten, wo Evamaria in einem für sie recht kleinen Einzelbett schläft – uns hat sie ein ähnlich kurzes Doppelbett reserviert. Vorteil: Dusche und Klo sind gleich nebenan. Im Taubenhaus sind nochmals Dusche und Klo, darüber eine Art Galerie mit breitem Bett, wo Irmengard und Barbara schlafen.

17.45 Uhr: Liedersingen und Benedikttext auf der Terrasse. Wir denken in unseren abendlichen Pilgergesprächen über die Rolle des Abtes nach. – Jeder hat seine persönliche Meinung – auch ich. Gehorsam gegenüber dem Abt? Wie weit soll dieser Gehorsam gehen? Dabei ist mir nicht ganz geheuer und ich knabbere noch eine ganze Weile daran rum.

Nach unserer Abendandacht begeistern uns die Kochkünste von Monsieur Tressens. Er pflanzt alte, beinahe vergessene Gemüsesorten an und bereitet damit seine Gerichte. Uns serviert er vorab eine Gemüsesuppe mit Kartoffeln und Pastinaken, dann grünen Salat, Entenbrustspieße mit Linsenbrei, Käse (geschmückt mit Beifußblüten) und als Abschluss Sorbet mit

Nussschnitte. Dass es in dem großen Raum recht kühl ist, liegt an den dicken Steinmauern.

Der Gîte in Auvillar liegt unmittelbar hinter der Brücke an der Garonne: ein altes, verlottertes ehemaliges Pfarrhaus, die Kirche der Flussschiffer, Ste. Cathérine, ist eine Ruine. Unsere Zimmer liegen im Hinterhaus, im ersten Stock, erreichbar über eine Holztreppe und Veranda. Für das ganze Haus gibt es nur ein Klo/Bad bei uns. Die Zimmer sind schmuddelig, immerhin gibt es Einzelbetten. Einige von uns haben wieder große Wäsche und es gibt einen überdachten Platz zum Trocknen. Diesen Platz sucht sich Bruder Jakobus auch als Schlafplatz aus, da es in den Räumen doch sehr eng zugeht. Auvillar selbst ist ein malerischer Ort oben auf dem Berg, in dem seit kurzer Zeit liebevoll mit Sanierungsarbeiten begonnen wurde. Wir sind begeistert von der großen runden Markthalle, dem ehemaligen Kornmarkt, dem interessanten Uhrenturm und bewundern die imposante Kirche mit dem schönen Licht, aus deren Sakristei gregorianischer Chorgesang ertönt (wir merken erst viel später, dass es Musik aus der Konserve ist). Weiter Ausblick in eine friedliche Landschaft. Nachmittags trinken wir in einem Lokal einen Pastis und melden unsere Gruppe zum Abendessen an. Wir bekommen für neun Euro ein phantastisches Pilgermenü: Salatplatte, geschmorte Entenbrust, Pommes, verschiedene süße Desserts, Käseplatte, Brot und Tischwein; alles sehr schmackhaft und so reichlich, dass sogar wir verfressenen Pilger nicht alles aufessen können. Das entschädigt für den Schmuddelgîte, in dem für sämtliche Gäste nur ein einziges Bad mit vorsintflutlicher Klospülung zur Verfügung steht. Am Nebentisch sitzt ein ortsansässiger Franzose. Er sucht das Gespräch und stellt sich als direkter Nachfahre des Dumas-Helden d'Artagnan und des großen gascognesischen Kardinals d'Aux vor. Zudem beschwört er die Blutsnähe der Alemannen und der

Wisigoten. Eine nette Begegnung, vielleicht hat der abendliche Wein auch sein Blut etwas erhitzt. Am nächsten Tag treffen wir ihn noch einmal, als er mit seinem Lieferwagen – er ist Restaurator – neben uns am Weg kurz anhält und uns sehr freundlich grüßt.

In Condom treffen wir vor der großen Kathedrale Heide, Brunhilde und Barbara, die uns von der Kirche vorschwärmen. Sie überrascht durch ihre Dimension, durch das Chorgestühl aus grauem Sandstein und die vielen Seitenkapellen. Ein markanter Punkt zum Abschluss des Weges. Unser Halleluja erklingt und füllt die Kathedrale – schon stürzen zwei ältere Damen aus einer Seitenkapelle ins Hauptschiff, schauen suchend umher. Als sie uns orten, kommen sie geschwinden Schrittes auf uns zu. Wir werden aber nicht zurechtgewiesen, sondern herzlichst als Pilger begrüßt und zur Pilgerbeköstigung komplimentiert. Kalte Fruchtsäfte und selbstgebackener Kuchen. Dazu freundliche Worte und – nach einiger Zeit – ein schöner Pilgerstempel für unseren Pilgerpass. Andächtig und freudig schreiten wir den großen Raum der Kirche aus, um dann zu unseren Kaffee trinkenden Mitpilgern zu gehen. Das Straßencafé wird überhaupt unser »Standort« für die nächsten Stunden – immer, wenn wir gerade gehen wollen, kommen Mitpilger und lassen sich nieder, und so bleiben auch wir. Als Margret nochmals in die Kirche geht, lädt eine der freundlichen Frauen sie ein, zu Beginn des Weges im nächsten Jahr bei ihr zu übernachten, aber als sie sagt, dass wir zwölf Personen sind, winkt sie entsetzt ab.

Wir werden von der Tochter der Besitzerin freundlich begrüßt und eingewiesen: Wir schlafen zu zwölft (eine französische Pilgerin ist dabei) in einem großen Schlafsaal im Obergeschoss. Es gibt je zwei Duschen und Toiletten am Ende des Raums. Bei mir stellt sich ein herrliches Gefühl der Erleichterung ein: Ich habe es geschafft!

Dann ist der Bus da mit »unseren Fahrern«, ein Abendessen und anschließend ein Abendgebet mit französischen Pilgern. Langsam wächst die Gruppe über die Ränder hinaus und strahlt in die größere Weggemeinschaft der Pilger hinein. Ein gutes und ermutigendes Zeichen.

Endlich geht es recht steil hinauf nach Miramont. Vorbei an der Kirche mit ihrem clocher-pignon, hinter der ein hoher Wasserturm aufragt, gehen wir hinunter zum Gîte. Unsere Gruppe schläft im Gebäude nebenan, dem ehemaligen Kindergarten, alle in einem Saal. Zum Glück gibt's nebenan auch ein normal großes Klo, die Kindertoiletten sind echt zu klein. – Wir werden im Haupthaus vom ehrenamtlichen Leiter des Gîte freundlich begrüßt, im Speisesaal sitzen bereits mehrere von uns, und wir werden mit Kaffee und Kuchen bewirtet. Die Duschen im Haupthaus sind natürlich sehr gefragt. Das Problem ist, dass sie mit Glastüren versehen sind, so dass keine Privatsphäre vorhanden ist. Als endlich mal zwei Duschen frei sind, arrangieren Andreas und ich uns, so dass wir gleichzeitig duschen können, worauf er abends strahlend Helmut erzählt: »Übrigens, ich habe heute mit deiner Frau geduscht.«

18.30 Uhr: Statio in der Kirche. Im Freien Diskussion über Simeon. Im hohen Alter erkennt er im Kind den Friedensstifter. Zu dieser Vision erinnert Jakobus an den israelischen Ministerpräsident Rabin, dessen tragisches Ende mit dem von Jesus verglichen werden kann.

Vor dem Abendessen haben wir in einer kleinen Grünanlage mitten im Ort wieder Pilger-/Bibelgespräch; diesmal geht es um den zwölfjährigen Jesus, der im Tempel von seinen Eltern wiedergefunden wird. Irgendwie verlaufen diese Gespräche meist mühsam, wir tun uns schwer damit. Zu allem Überfluss wird nebenan der Rasen gemäht und diese Geräuschkulisse trägt auch nicht zur Entspannung bei.

Zuvor hatten wir beim Bäcker verschiedene Pizzen bestellt, die wir später mit dem gemeindeeigenen Wein aus dem Gîte genießen, an einem Tisch mit anderen Pilgern.

Im Nebenhaus des kommunalen Gîte, dem ehemaligen Kindergarten, schlafen wir alle zusammen in einem großen Schlafsaal mit Etagenbetten. Sobald das Licht aus ist, geht die Schnarcherei los. Plötzlich gibt es einen lauten Krach: Petra ist aus ihrem oberen Etagenbett geklettert und stößt mit viel Getöse die daran angelehnten Pilgerstöcke um. Sie flüchtet in den leeren Saal vor unserem Schlafraum, in dem als einziges Mobiliar zwei Betten stehen. Ein starker Abgang! Jetzt wird es ruhig in der Stube, aber ich raffe kurzentschlossen meinen Schlafsack zusammen und folge ihr, und so genießen wir beide ein ca. 150 Quadratmeter großes ruhiges Doppelzimmer mit frischer Luft. Pilger, oft wäre es von Vorteil, vorher was zu denken und sich nicht der Hoffnung hinzugeben, dass es schon noch besser wird.

Trotz aller Bummelei treffen wir früh im Gîte, einem Bauernhaus kurz vor Aroue, ein. Schon von der gegenüberliegenden Höhe aus können wir ihn sehen. Jenseits der Straße liegt ein Hof, eine Scheune ist halb zusammengebrochen. Doch nicht unserer? Doch er ist's. Das Haus entpuppt sich dann aber als schöner alter Bau mit kleiner Terrasse. Da unser Gepäck noch nicht da ist, genießen wir halt so wie wir sind einen ersten Panaché. Es ist schön, so entspannt dasitzen zu können. Wir unterhalten uns zunächst mit zwei Franzosen, dann mit einem englischen Ehepaar: er ist anglikanischer Priester in der Cathedral von Salisbury, Dean of Stonehenge. Er macht gerade ein Sabbatjahr und will mit seiner Frau den ganzen Weg gehen. »Vous serez très serrés«, die Warnung war berechtigt, da alle fünf Männer in einem Dreierzimmer Platz finden müssen. Dieser Planungsfehler ist wohl auch der Grund dafür, warum sich die alte Mme Barneix, mit der ich am Telefon alles so schön besprochen hatte, bis zum Schluss nicht sehen lässt.

Abends genießen wir in der Stube, in der neben dem Kamin einige große Schinken von der Decke hängen, ein opulentes mehrgängiges und mehrstündiges Menü: Nach einem Apéritif gibt es schmackhafte Suppe, dann Pilzomelette, danach Schweinebraten mit köstlichen geschmorten Apfelspalten, anschließend baskischen Schafskäse mit Kiwimarmelade, und als schon nichts mehr reinpasst, kommt noch ein riesiger Schokoladenkuchen mit Tee oder Kaffee nach Wahl auf den Tisch. Trotz des vollen Bauches schlafe ich erstaunlich gut.

Es ist noch Mittagspause (in Spanien bis 16.30 oder 17 Uhr!), als wir in Roncesvalles oder, auf Baskisch, Orreaga ankommen. Der Ort entstand im 12. Jahrhundert zur Versorgung und Pflege der durchziehenden Jakobspilger. Ein kurzer Besuch in der Kirche mit der schönen gotischen Madonna aus Holz mit Silberverkleidung und Verzierungen aus Gold. Das Pilgerbüro ist noch geschlossen. Später werden wir unseren Pilgerstempel im (schon wieder!) unpersönlichen Pilgerbüro – die langen Tischreihen deuten auf Massenabfertigung hin – bekommen. Wir haben eine Luxusunterkunft im »La Posada«. Leo, Georg und Andreas nächtigen für fünf Euro im Refugio (ab sofort heißt das nicht mehr »Gîte«) mit 130 Betten in einem einzigen Saal. Tatsächlich waren es vier Reihen mit je 25 eng gedrängten Zweistockbetten – also etwa 200 Plätze. Geschlechtsgetrennt gab es dazu im Untergeschoss je drei WC, Duschen, Waschbecken. Küche, Essen oder Ähnliches aus dem Verpflegungsbereich war nicht im Angebot. Also essen wir alle zusammen im Hotel. Wir sind verwundert über die vielen Gänge: Was für ein opulentes Pilgermenü! Beim Bezahlen stellt es sich dann aber heraus, dass wir ein normales Menü bekommen haben. Eine Lehre für die weiteren Tage; aber gut war's doch.

Alle haben ihre Wäsche gewaschen. Aber bei der Rückkehr vom Abendessen dann die böse Überraschung: Der Wäschetrockner hat nicht funktioniert, alles ist noch nass. Jetzt sind in unserem eh schon engen Zimmer Wäscheleinen quer vor der Tür und zwischen den Betten gespannt mit unserer und der Männer Wäsche, vor allem Barbara ist in ihrem hinteren Bett wie von Spinnweben umgeben. Es gibt großes Gelächter, wie sollen wir da nachts aufs Klo gehen? Aber siehe da, keiner verfängt sich in der Nacht in den Leinen, wir haben als geübte Pilgerinnen schließlich alle eine Taschenlampe.

Unser Hostal in Sahagún wird von dem alten Ehepaar Pacho geleitet, das längst im Rentenalter ist, das sich aber wohl noch an seinem alten Leben festklammert. Die Zimmer in dem alten Haus sind auf zwei Stockwerke verteilt, offenbar ehemalige Privatwohnungen; ein Blick in die Wohnung des Ehepaars zeigt Mobiliar aus den Dreißigerjahren, mit vielen Deckchen, Nippes. Die beiden strengen sich sehr an, wollen es uns recht machen. Ich kann sie gerade noch davon abbringen, uns das Zimmer mit dem schmalen Ehebett zu überlassen, was die Señora zu der misstrauischen Frage veranlasst, ob wir denn wirklich ein Ehepaar seien. Auch bei den anderen Zimmern lässt sie mit sich reden. Es mag ja nicht sehr sauber sein, aber ich liebe dieses Ambiente, das man wohl sonst kaum noch finden wird. Herrlich die Szene am nächsten Morgen: Als wir zur vereinbarten Frühstückszeit kommen, haben die beiden alten Leutchen wohl nicht mit der deutschen Pünktlichkeit gerechnet. Sie kommen ganz verstört im Bademantel aus ihrem Schlafzimmer. Es gibt Kaffee und Tee. Dazu eigens auf dem Balkon getoastetes Brot und auf dem Tisch steht ein großes Glas mit Marmelade. Auf unsere Bitte um Messer hat der Hausherr doch tatsächlich nach einigem Suchen welche gefunden. Wir sitzen zu viert in der engen Küche, irgendwo immer im Weg unserer

Gastgeber, die an den Schrank oder Herd müssen. Ich finde die ganze Angelegenheit belustigend, frage mich aber, ob die beiden es wohl aus finanziellen Gründen tun oder ob es ihnen einfach Freude bereitet, Gäste zu bewirten.

Wir sitzen in dem kleinen Raum am Tisch, als plötzlich, mit einem sanften Knall, das Licht ausgeht. Dunkel. Wir bleiben ganz ruhig, nur Señor Pacho rennt im Morgenmantel ratlos durch die Zimmer. Bernd kommt in den Vorraum, versucht in aller Unschuld, eine andere Lampe anzumachen – erneuter Kurzschluss. Die Spannung steigt. Señor Paco kommt wieder ins Zimmer, zieht einen Stuhl an den Tisch, klettert darauf – auch auf den Tisch? – zum Glück nicht, sondern Bruder Jakobus zieht die Hängelampe in seine Richtung, der Señor kann den Glasschirm abziehen, die Birne herausschrauben; erneuter Kurzschluss; schwarze Metallstückchen fallen auf das helle Tischtuch, es riecht verbrannt, brenzlig. Sollen wir uns in Sicherheit bringen? Alle behalten die Ruhe. Als Ersatz bringt Señor Pacho schließlich eine kleine Tischlampe, mit Pailletten verziert, ganz stilgerecht.

Eineinhalb Kilometer vor La Faba zeigt ein Wegweiser nach links: Vor diesem Weg wird gewarnt wegen des starken Schlussanstiegs. Wir beschließen deshalb, zweieinhalb Kilometer weiter auf der Fahrstraße zu gehen. Inzwischen ist es sehr heiß, wir müssen alle fünfzig bis achtzig Meter im Schatten eines Baumes stehen bleiben und die letzten Kräfte sammeln. Zum Glück findet sich am Straßenrand unter einem Baum dann doch eine distelfreie Stelle, wo wir Mittagsrast machen können. Wir schaffen aber nur das Eieromelett, das Brot ist einfach zu viel. Mit letzter Kraft weiter und endlich sind wir da, der Bronzepilger vor der schwäbischen Herberge empfängt uns, wie auch die Hospitalera, die zwei Betten am Eingang des Schlafsaals für uns reserviert hat.

Die Gruppe hat beim Aufstieg schlechtes Wetter, wagt sich trotzdem an den steilen Schlussanstieg:

Total durchnässt und richtig erschöpft kommen wir in La Faba an. Die anderen haben sich inzwischen schon in der Bar gestärkt. Petra, der gute Engel, fragt gleich nach unseren Wünschen, damit sie sich für uns anstellen kann.

Hinter uns zieht Nebel auf, ein kalter Wind bläst uns ins Gesicht: Wir ziehen schnell unsere Fleecejacken an, Heide sogar noch ihren Anorak darüber. Auf einer Stele am Ortseingang ist die Geschichte von dem verirrten deutschen Pilger dargestellt, gegenüber steht ein schönes altes Pilgerkreuz. Wir betreten die Kirche Santa María la Real, die älteste Kirche am Camino (9. Jahrhundert), ein wuchtiger geduckter Bau in einfachster Romanik. Auf der rechten Seite thront die Virgen col Bambino, 1962 grundlegend restauriert. Ihre ruhige Schönheit beeindruckt uns zutiefst, wir erleben Momente der tiefsten Andacht. In der rechten Seitenkapelle, der Capilla del Santo Milagro, wird der Kelch aufbewahrt, in zwei Glasphiolen Fleisch und Blut des Wunders.

3. Ankunft – Via unitiva

Ankommen, Meditation und Erneuerung

Ich habe meinen Schlafsack ausgerollt, damit bin ich angekommen. Das Gefühl von Geborgenheit und Sicherheit macht sich breit. Während die lieben Mitpilger Dusche, Waschmaschine und Trockenraum belagern, lege ich mich aufs Bett und hülle mich in den wärmenden, Heimat gewährenden Schlafsack. Er hat mich über alle Etappen treu begleitet und war das Geschenk von wohlmeinenden Pilgern, warm und leicht. Ich genieße es, die Zeit verstreichen zu lassen, zu erleben, wie der Körper Ruhe findet und der innere Stress abebbt. Eine süße Müdigkeit stellt sich ein und ich verbringe köstliche Minuten.

Es ist der unverzichtbare Vorteil eines weise geplanten Pilgertages, ausreichend Zeit für eine Ruhephase zu finden, bevor der Abend mit Gespräch und Nachtmahl beginnt. Wie oft habe ich diese Minuten durchlebt und mir ihre Verlängerung gewünscht, doch rufen die natürlichen Pflichten zu nächsten Aktivitäten. Die Körperpflege, die Ergänzung der Vorräte, ein kleiner Rundgang durch den Ort, verbunden mit dem Besuch der Kirche, stehen auf dem Programm.

Für mich war es stets wichtig, neben den erholsamen Augenblicken und organisatorischen Notwendigkeiten eine ausreichend große Zeit der geistlichen Betrachtung einzuplanen. Von Jahr zu Jahr wurde dieser Wunsch immer selbstverständlicher in die Tat umgesetzt. Wir trafen uns in der örtlichen Kirche oder Kapelle zu einem Vespergebet, wir sangen Lieder aus unserem selbst gemachten Liedheft oder hielten ein Schriftgespräch über ein ausgewähltes Thema, das uns jeweils auf einer Pilgeretappe begleitete. Diese Gespräche in größerer Runde, in denen es um Grundfragen des christlichen Glaubens und der allgemeinen Menschlichkeit ging, waren des Öfteren auch kontrovers und brachten die ganze Vielfalt von Ansichten zu Tage. Immer wieder stießen wir auf die Fragen nach der Gerechtigkeit Gottes, von Sünde und Schuld, von Tod und Auferstehung. In unserer Pilgergruppe versammelten sich Männer und Frauen unterschiedlichen Alters und verschiedener Konfessionen. Jeder und jede war seinen/ihren eigenen Weg mit Gott in Nähe und Distanz gegangen, hatte sich aus unterschiedlichen Gründen für den Jakobsweg entschieden. Auf der Basis des gemeinsamen Gehens, von Sympathie und Verständnis, von Einfühlung und Toleranz fanden wir zueinander und konnten so den Lehren, Gedanken und Grundüberzeugungen Jesu, wie sie uns in der Hl. Schrift begegnen, näherkommen. Öfter konnten wir die unterschiedlichen Meinungen nicht auf einen Nenner bringen, die entstandenen Spannungen nicht auflösen, dennoch waren diese Stunden geprägt von Ehrlichkeit, Aufrichtigkeit, Treue zu sich selbst und Respekt vor den Meinungen anderer. So gingen wir den Weg im wachsenden Verständnis füreinander und wachsenden inneren Reichtum. Wir alle haben uns verändert von Jahr zu Jahr, der Weg hat uns geprägt, das Lächeln Santiagos, der uns am Eingang der Kathedrale erwartet, hat Spuren in unserer Seele hinterlassen.

Nicht immer trafen wir uns am Abend zu geistlicher Runde, immer wieder thematisierten wir uns selbst und unser Miteinander in der Gruppe. Wie geht es dir heute? war die Frage, und jeder konnte und sollte dazu Stellung nehmen. Hier wurde ausgesprochen, was offensichtlich war, den einen war das Tempo zu schnell, den anderen zu langsam, für die einen gab es zu viel Gespräch und Kontakt, für die anderen zu wenig. Die einen wollten gerne gemeinsam rasten und gemeinsam essen gehen, andere brauchten mehr Freiheit von der Gruppe. All das wurde ausgesprochen und gehört, wurde bedacht und erörtert. Im Laufe der Jahre haben wir praktische Lösungen gefunden. Manches blieb, wie es war, und wurde zur akzeptierten Gewohnheit. Manche Anfrage blieb auch ohne befriedigende Antwort und offen, als wunde Stelle der Gemeinschaft, die nicht geschlossen werden konnte. So wurde es offensichtlich, wie unterschiedliche Charaktere sich hier zusammengefunden hatten, wie unterschiedlich die Bedürfnisse und Grenzen der Einzelnen waren.

An einigen wenigen Abenden brachten Pilger kleine Vorträge zu Kultur, Geschichte und Religion ein. So hörten wir etwas über das Kloster Maria Einsiedeln, über die Kathedrale von Le Puy, das Aubrac, über das Rolandslied, Teresa von Avila und die Geschichte Spaniens mit seiner islamischen Kulturepoche und der Reconquista. Erst auf dem Weg drangen wir tiefer in die Kultur und Spiritualität der Jakobus-Tradition ein. Insbesondere beschäftigte uns die Figur des Matamoros, des Maurentöters, die den meisten von uns zu Beginn der Pilgerschaft unbekannt war.

Der heilige Jakobus, neben Teresa von Avila, Patron Spaniens, begleitete vom 8. bis zum 15. Jahrhundert die Zurückdrängung der unterschiedlichen islamischen Reiche auf der iberischen Halbinsel. Nach der damaligen Vorstellung war er der himmlische Fürsprecher und Schutzpatron der christlichen Heere und Idealgestalt der spanischen Ritter. Wir waren erstaunt und betroffen über die Aktualität, die diese Gedanken und Vorstellungen in der heutigen politischen Situation haben. Uns wurde klar, dass Santiago zuerst auf einer spirituellen, geistlichen Ebene zu deuten ist. Es geht zuvorderst nicht um die Bekämpfung äußerer Feinde, sondern auf einer tieferen Schicht um die inneren Feinde, um die geistlichen, destruktiven Kräfte, die in uns selber wirksam sind, die, wie wir schon gesehen haben, von den christlichen Mönchen der frühen Zeit auch als Dämonen bezeichnet wurden. Diese Dämonen oder »Mauren« gilt es zu bekämpfen und zu besiegen, wurde uns klar, wobei natürlich auch verbrecherischem Handeln heutiger so genannter Islamisten zu wehren ist. Im Ergebnis wurde unsere Hoffnung ausgedrückt, dass die Auseinandersetzung zwischen den Religionen, besonders dem Islam und dem Christentum, in unserer Zeit nicht durch Eroberung und Rückeroberung gekennzeichnet sein kann und durch die

Waffen des Krieges ausgefochten wird, sondern durch einen gewiss schwierigen und langwierigen Dialog der Religionen, der zu einem friedvollen Miteinander führen sollte.

Schon vorher, aber noch viel intensiver durch das Pilgern auf dem Jakobsweg, ist mir deutlich geworden, welch großen Beitrag die islamische Kultur auch für unser christliches Abendland geleistet hat. Ab dem 7. Jahrhundert waren die muslimischen Herrscher in Damaskus und Bagdad klug genug, die im Orient vorherrschende griechische Kultur aufzunehmen, zu übersetzen und weiterzuentwickeln. Wenige Jahrhunderte später waren es dann muslimische Gelehrte, die in Süditalien und insbesondere auf der iberischen Halbinsel die Schriften der griechischen Antike ins lateinisch geprägte Abendland brachten. Man kann nur staunen, wie viele Wissenschaften (besonders Medizin, Mathematik und Philosophie) durch Rückübersetzungen aus dem Arabischen entscheidend befruchtet wurden.

Der wichtigste Ort in diesem interkulturellen Prozess war Cordoba im islamischen Teil Spaniens. Dort soll es um die Jahrtausendwende mehrere Universitäten und Bibliotheken mit einer Gesamtzahl von über einer Million Bücher gegeben haben. Das intellektuelle Europa, die Gelehrten der Kloster- und Kathedralschulen, reisten, wenn sie etwas auf sich hielten, dorthin oder ließen sich von beauftragten Übersetzern die wichtigsten Schriften ins Lateinische übertragen. Wie wir wissen, waren in diesem Prozess auch bedeutende jüdische Gelehrte eingebunden, so dass gerade diese Zeit als ein goldenes Zeitalter der Wissenschaft in Spanien gilt, in dem auch die religiösen Gruppen relativ friedlich miteinander lebten. Leider änderten sich dann die Zeiten, die Hardliner, die Fanatiker auf beiden Seiten, gewannen die Oberhand, und 1492 endete die Rückeroberung Spaniens mit dem Fall von Granada und dem Sieg der christlich geprägten Reiche. Darauf folgten Vertreibung der Juden und Muslime, bzw. ihre zwangsweise Bekehrung und Taufe, kein Ruhmesblatt der europäischen und kirchlichen Geschichte. Wir stellten uns in der Gruppe diesen schwierigen Fragen und Themen, nahmen sie auf in unseren persönlichen Pilgerweg.

Oft klangen die Gesprächsrunden aus mit dem lapidaren Hinweis auf die Zeit, da wir uns in der Herberge oder einem Restaurant zum Abendessen angemeldet hatten. Manch einer freilich zog es vor, die Stille zu suchen und blieb für sich oder mit wenigen anderen im Zimmer der Herberge oder auf einer Parkbank.

Das gemeinsame Abendessen war oft ein Höhepunkt des Tages und der Geselligkeit. Hier waren wir um den Tisch vereint beim gemeinsamen Mahl. Eine immer neu zu überwindende Hürde stellte das Studium der Speisekarte dar, denn es galt, sich bei den angebotenen Gerichten einen Überblick zu verschaffen. Während die einen gerne auf die bekannten Angebote von Geflügel und Fisch zusteuerten, zeigten sich andere Pilger experimentierfreudig und wählten regionale Gerichte.

Unvergessen bleibt der Besuch in einer spanischen Pulperia, in der wir uns zusammenfanden, obgleich wir uns kurz zuvor getrennt hatten, um je eigene Wege der Abendgestaltung zu gehen. Der Ehrlichkeit halber muss ich gestehen, dass ich lediglich zuschaute, als die anderen ihre Portion Tintenfisch verspeisten, während ich lieber mit dem anderen Auge ein Fußballspiel zwischen HSV und einem spanischen Klub verfolgte, das über die Mattscheibe flimmerte. Auf jeden Fall erschien mir das Lokal sowohl von Einheimischen wie von Pilgern und Touristen gut besucht und angenommen.

Ein ganz anderes Abendessen erlebten wir in einem Städtchen nahe Pamplona, wo wir einen Tisch reserviert hatten, der bei unserer Ankunft in dem übervollen Lokal bereits belegt war. Der Patron brachte es jedoch fertig, für uns noch zusätzliche Tische und Stühle in das Lokal zu zaubern, und kümmerte sich rührend um unser Wohlergehen. Auf engstem Raum, eingekeilt zwischen vielen anderen Gästen, erlebten wir einen wunderbaren Abend.

Ein beliebtes Thema unter uns Pilgern ist auch ein unvergessenes Abendessen im Aubrac, das wir in einem abseits gelegenen, aber für Pilger ansprechend eingerichteten Bauernhof erlebten. Dort lernten wir die Nationalspeise des Aubrac, das Aligot, kennen. Das Aligot wurde der Legende nach von drei Bischöfen kreiert, die beisteuerten, was sie hatten: Kartoffeln, Frischkäse und Knoblauch, woraus ein neues Gericht entstand. Auch uns wurde in der bäuerlichen Pilgerherberge aus einem übergroßen Topf von einer von der Arbeit erhitzten und erschöpften Köchin der Fäden ziehende Kartoffelbrei serviert. Mit Rotwein und einem Schnaps konnte das für uns ungewohnte und kompakte Mahl so verdaut werden, dass eine halbwegs ruhige Nacht folgen konnte. Der lange Pilgertag, die körperliche Anstrengung und die Aussicht, auch morgen wieder früh auf dem Weg zu sein, ließen uns bald unser Lager aufsuchen.

Schnell schlafe ich ein, wenn ich in meinem Schlafsack liege. Ich bin erschöpft und zufrieden. Ich stelle fest, dass mein Gemüt durch die Übung des Gehens angeregt und teilweise bis in die Tiefe hinein berührt ist. Es tut sich was, so wie in intensiven Tagen des Fastens oder Meditierens. Bisweilen wache ich in der Nacht auf, fühle mich aufgeschreckt und innerlich bewegt. Dann setze ich mich auf oder neben das Bett, lege den Schlafsack um die Schultern und lausche in die Stille der Nacht. Auch die Geräusche der schlafenden Pilger stören mich wenig, höchstens die stickige Luft, wenn das Fenster nicht zu öffnen ist. Dann gehe ich hinaus und suche eine Bank vor dem Haus oder einen anderen geeigneten Ort. Das Gebet oder die Meditation in der Nacht hat eine eigene Tiefe und Kraft, sie wehrt den inneren Stimmen und der Vielzahl der Gedanken. Die Meditation vermag, wenn sie ausdauernd geübt wird, die körperlichen und geistigen Kräfte zu regenerieren und zu erfrischen. So harre ich bisweilen dem Morgengrauen entgegen oder finde für eine oder zwei Stunden nochmals in den Schlaf.

Wasser und Himmel

Wasser des Lebens
aus tiefen Quellen geboren
quillt auf zu immer neuen Höhen,

durchfließt die Tore der Krisis
wenn sie geöffnet und
wässert die Felder der Tugenden
zu reicher Frucht.

Wasser des Lebens
du suchst und findest
den seit ewigen Zeiten vorausbestimmten Weg;
du lässt das Haus des ewigen Vaters
im Himmelsgebirge
erstrahlen,
im Lichte der Güte und Barmherzigkeit.

Nach dem einmalig guten Abendessen mit französischer Tischkultur im Zelt hinter dem Haus der Familie Hernandez gehe ich ins Karmelitinnenkloster zur Matutin. Margret ist auch da. Eine schöne und tiefe Erfahrung, die zwölf Schwestern in ihrer französisch gesungenen Liturgie zu begleiten. In der Nacht aber habe ich schlechte Träume, es herrscht eine unerträgliche Hitze unterm Dach. Gegen drei Uhr bin ich zermürbt und erste Bedenken stellen sich ein, ob und wie das weitergeht mit mir.

Nach dem reichhaltigen Abendessen gehe ich um 20.45 Uhr zur Komplet in das 800 Meter entfernte Karmeliterinnenkloster und erlebe eine tiefmeditative Andacht mit engelhaftem Gesang. Ab und zu übermannt mich die Müdigkeit – O heiliger Sankt Benedikt, ich bin schon wieder eingenickt! –, aber der Kirchenschlaf ist ja bekanntlich ein heiliger Schlaf.

In der Kirche St-Jean-l'Evangéliste in Valencogne finde ich neben einer Dokumentation über den Pilgerweg Auszüge aus einer Ansprache von Johannes Paul II., die mich nachdenklich werden lassen: »Der Gang des Pilgers hat eine große Bedeutung. Die Pilgerschaft symbolisiert unser Leben. Sie bedeutet, dass man es sich nicht bequem machen will, dass man Widerstand leistet gegenüber allem, was darauf abzielt, Fragen zu ersticken, den Horizont zu verschließen. Es geht darauf, sich auf den Weg zu machen und die Herausforderung des schlechten Wetters zu akzeptieren, für Hindernisse gerüstet zu sein, zuallererst für diejenige unserer Schwäche, bis zum Ende durchzuhalten.«

Bevor wir Le Puy in Richtung Heimat verlassen, besuchen wir an diesem Pfingstsonntag die Pilgermesse um sieben Uhr. Eine kleine Schar aller Couleur hat sich eingefunden: Bus- oder Autopilger, Fuß- und Radpilger, manche in voller Kluft und bereits wieder halb auf dem Weg. Anschließend versammeln wir uns an der Statue und stellen uns auf Einladung des Geistlichen vor. Manche haben bereits sechs Wochen Pilgerweg hinter sich und wollen noch weiter bis Santiago. Dann erhalten wir den Pilgersegen und ein kleines Medaillon mit dem Bild der Notre-Dame-de-France – jener auf einem Vulkankegel errichteten Statue, die im 19. Jahrhundert aus 213 eingeschmolzenen Kanonen errichtet wurde.

Ich laufe über Höhen und durch Täler, weite Blicke und kleine Welten wechseln bunt ab. Weiler, Dörfer und kleine Städte tauchen am Wegrand auf und versinken hinter mir. Ein neues Gefühl wird spürbar und gerinnt zu einer immer deutlicheren Erfahrung, die sich verfestigt. Alles versinkt unter dem Pilgerfuß. Das »Gebet der Füße« weitet sich zu einem Raum, verstetigt sich und schwingt wie ein Akkord, eine Melodie weiter. Immer neue Horizonte tauchen vor mir auf; das Auge schaut sie, der Verstand erkennt und ermittelt Einzelheiten, das Herz lächelt, die Füße beten und laufen über den Horizont zum nächsten Horizont und immer weiter geht das Gebet. Gemeinsam, zu zweit, dann zu viert und immer wieder allein. Die Erfahrung dieses Jahres: Wir gehen, wir beten und alles versinkt, das Gehen und Beten bleibt.

Im Gîte von Le Pech beten wir um 18.30 Uhr zum Fest Christi Himmelfahrt den Glorreichen Rosenkranz im »Frauenschlafsaal« – es ist kalt. Wir sind hier auf einem Pferdehof untergebracht. Wir Frauen schlafen in dem Hauptgästehaus und nehmen Helmut in unser Zimmer auf. In unserem Domizil, in dem sich auch der Aufenthaltsraum befindet, wird im offenen Kamin ein Feuer gemacht. Außer uns sind noch ein paar Pilger da, u. a. eine Frau aus der Münchner Gegend. Sie hat eine Krebsoperation hinter sich und macht den Weg ganz allein, auch jeweils zwei bis drei Wochen im Jahr. Als Abendessen gibt es ein herrliches Cassoulet (Bohnen, Hühnerfleisch und Wurst). Wir sind hier in der Gegend der Gänse und Enten, und Geflügel wird beinahe täglich Bestandteil unseres Abendessens.

Auf unserem Weg von Lascabanes nach Montlauzon erinnere ich mich daran, dass es der 60. Jahrestag des Endes des Zweiten Weltkrieges und der Beginn der Nachkriegswirren, der Vertreibung und des Wiederaufbaus war. Hunderttausende Soldaten kamen in Kriegsgefangenenlager und starben dort. Ich musste heute besonders an meinen Schwiegervater, den böhmischen Glasgraveur aus Meistersdorf, Harry Schreiber, denken, der am Monte Cassino gewesen war und mir davon erzählt hatte. Ich hatte ihm vom heiligen Benedikt erzählt, der dort sein Kloster gegründet hatte. Nun dachten wir auf unserer Pilgeretappe über die Regel des heiligen Benedikt nach. Welche Brücke kann doch unser christlicher Glaube an den auferstandenen Jesus über menschliche Abgründe bauen.

Zwei Essen – zwei Welten. Bei der diesjährigen Etappe haben wir häufig vom Angebot Gebrauch gemacht, abends eine warme Mahlzeit zu bekommen, zumal die Kochmöglichkeiten für Selbstversorger sehr begrenzt waren. Etwa in der Mitte unserer Pilgerfahrt lernten wir zwei grundverschiedene Arten von Gîte und Repas du soir (Abendessen) kennen. – Am Sonntagabend (8. Mai) trafen wir auf der Ferme-Auberge (Landgasthaus) Le Canabal ein; Monsieur Tressens, erstaunlich jung, empfing uns fast überschwänglich und bot uns zur ersten Erfrischung Orangensaft an, dazu, wie er stolz unterstrich, von ihm kreierte Nussschnittchen. – Gegen 19 Uhr, nachdem wir uns in dem originell eingerichteten Haus eingerichtet und uns in einem einstündigen Pilgergespräch ausgetauscht hatten, wurden wir von unserem Gastgeber ins Hauptgebäude gebeten. Zunächst servierte

117

er uns auf der lichtdurchfluteten Terrasse stilgerecht einen Aperitif, Holundersaft mit Wein, danach nahmen wir im Haus an einem langen rustikalen Holztisch Platz und konnten an den Wänden kleine, aus Naturmaterialien gefertigte Kunstwerke bewundern, die seiner Phantasie entsprungen waren. – Nachdem ein Elektroheizgerät für allgemeines Wohlbefinden auch bei den Damen gesorgt hatte, servierte uns Monsieur Tressens den ersten Gang, eine eigene Création: zwei Suppen aus Kartoffeln und Pastinaken auf einem Teller – ästhetisch raffiniert getrennt durch einen Streifen Sesamkörner. Das Auge hatte bereits vorausgekostet und tatsächlich schmeckte diese Suppe wunderbar. Als nächste Création der Hauptgang, Fleischspieße mit Entenbrustfilet, pardon! magret de canard, spécialité de la région, dazu ein herrliches Linsenpüree (Lentilles corail), was alle gehörig genießen. Nur Bruder Jakobus verzichtet auf das Fleisch – all das ist in seinen Augen für ein Pilgeressen zu opulent. Es folgt, mit nötigem Abstand, Salat mit Ziegenkäse; als Nachtisch Sorbet mit Nussschnitten. Der ausgewählte Wein hat aufs Beste gepasst. Unser Gastgeber ist stolz auf seine création parfaite und zugleich glücklich darüber, mit welch begeisterten Worten wir ein solches Menu in diesem liebevoll gestalteten Ambiente loben.

Am Montagabend (9. Mai) endet unser anstrengender Marsch in La Bayssade, einem Bauernhof mit verschmutzter Einfahrt und der üblichen Unordnung um Haus und Stallungen. Im ersten Stock begegne ich Madame Favarel, der rührigen Bäuerin, die meine ersten Fragen rasch beantwortet, anschließend noch ein bisschen mit mir tratscht. – Relativ spät, so gegen halb acht, kommen alle im Wohn-/Esszimmer der Familie zum Repas à la table familiale zusammen. Es ist ein kleinbürgerlich eingerichteter Raum, mit Standuhr und Fernsehapparat, im Hintergrund ein offener Küchenblock. Eigentlich ist das Ehepaar nicht für so viele Gäste eingerichtet, aber man hat einfach mehrere Tische zusammengeschoben, Favarels sitzen mitten drin, um alles, was auf den Tisch kommt, schnell verteilen zu können. – Zunächst gibt es eine deftige Kartoffelsuppe, danach Reissalat mit Gemüse, den Madame Favarel mit ihrer Tochter am Nachmittag vorbereitet hat, dann folgt ein hausgemachter Pâté campagnard – deliziös! Statt Fleisch gibt es eine Galette aus rohen Kartoffeln, Ei und Gruyère. Ein Eis mit Apfelkompott schließt das Menu ab. Während wir essen, beantworten die Wirtsleute unsere Fragen und erzählen von ihrer Arbeit. Sie haben achtzig Milchkühe und verkaufen im Herbst die Trauben als Desserttrauben. Der Bauer ist leider nur schwer zu verstehen, da er Dialekt spricht und fast keine Zähne mehr hat, aber sein Selbstbewusstsein und sein Stolz über die geleistete Arbeit zeigen sich in seinem Gesichtsausdruck. Jedes Mal, wenn er aufsteht, um eine weitere Flasche Wein auf den Tisch zu stellen, spüren wir eine herzliche Gastfreundschaft.

Seine Frau ist nicht weniger herzlich; sie wirkt jünger als ihr Mann, ist lebhaft, schnell im Sprechen und in ihren Bewegungen. Aber sie hat abgearbeitete Hände und ist fast ausgemergelt, wir können uns ausmalen, was für ein hartes Leben hinter ihr liegt. Trotzdem scheint sie mit ihrem Leben zufrieden und hat sich ihre Menschenfreundlichkeit bewahrt. Am Schluss ist sie tief beeindruckt, als einige von uns aufstehen und die notwendige Spülschlacht schnell erledigen. So etwas erlebe sie nur selten.

Ich habe mich an diesem Abend wohl gefühlt; alles war echt, nichts stilisiert. Wir sind dankbar für den Einblick in das Leben dieser beiden Menschen; kein Tourist würde je so etwas erleben.

Nach der Besichtigung der Bastide von Larressingle halten wir um 18.00 Uhr Schriftlesung. – Jakobus hat für dieses Jahr die Gestalt der Maria ausgewählt. Die Verheißung der Geburt Jesu (Lk 1,26–38). – Maria versteht nichts von David-Herrschaft; sie weiß nur, dass sie nicht schwanger werden kann. Aber für Gott ist nichts unmöglich: Elisabeth bekommt, trotz ihres Alters, noch einen Sohn, deshalb glaubt Maria an die göttliche Verkündigung und ist bereit. Ihr Vorbild im Glauben wird auf Ikonen im Typ der Hodegetria, der Wegweiserin, dargestellt. Es ist müßig zu überlegen, wie sie reagiert hätte, falls sie gewusst hätte, was mit ihrem Sohn geschehen sollte: das weiß keine Mutter und kein Vater.

Einige Wochen später werden wir im Zisterzienserkloster Bronntal ein Wort von Erzbischof Johannes Dyba vom 4. 9. 1994 in Fulda entdecken, das den Glauben Marias erläutert: Das Vorbildliche an Marias Glauben liegt darin, dass sie nicht nur das glaubt, was sie verstehen kann, sondern auch da glaubt, wo sie es nicht mehr begreifen kann. Denn wenn ich nur da glaube, wo Gottes Pläne meinem kleinen bürgerlichen Verstand einleuchten, bin ich ein Kleingläubiger. Das wäre dann kein Glaube, der über Abgründe trägt, die Abgründe des Schicksals und der göttlichen Vorsehung.

Beim Abendessen in Montréal-du-Gers frage ich Bruder Jakobus nach dem Herzensgebet; er hängt mir eine schwarze Schnur um, nach deren Sinn ich mich schon im letzten Jahr gefragt hatte. Er erzählt, dass er die Schnur vom Berg Athos habe und dass die Knoten wie beim Rosenkranzgebet durch die Finger gleiten sollen. Nachdem ich fast jede Nacht etwas wach liege, bete ich auch während dieser Zeit. Ich habe mir vor ca. zehn Jahren das Buch »Aufrichtige Erzählungen eines russischen Pilgers« gekauft und es schon lange nicht mehr gelesen, obwohl es mir immer wieder durch den Kopf geht. Nun nehme ich mir vor, es zuhause gleich nach der Rückkehr wieder zu lesen.

Nachts um vier Uhr Geklacker im Badezimmer, ich schrecke auf und sehe nach: Eine Fledermaus hat sich in mein Zimmer verirrt – ach du Schreck. Gott sei Dank ist sie schnell raus aus dem Bad, als ich das Licht anmache. Nun »verstecke« ich mich dort ein Weilchen in der Hoffnung, dass die Fledermaus das offene Fenster findet. Nach einer Weile traue ich mich wieder in mein Zimmer. Da dort Ruhe herrscht, hoffe ich, dass der »Vampir« draußen ist. Sicherheitshalber mache ich das Fenster ein bisschen weiter zu und schlafe weiter.

Ein Gewitter in der Nacht hat für eine schöne Abkühlung gesorgt. Die Nacht war wenig erholsam.

Acht Uhr Statio neben dem Café. – Die Geburt Jesu nach Lk 2,1–20. »Der Glanz des Herrn umstrahlte sie. Sie fürchteten sich sehr.« Die Begegnung mit dem Göttlichen ist für die Hirten zunächst unfassbar, ja unheimlich. »Heute ist euch in der Stadt Davids der Retter geboren ... der Messias.« Was konnten sie sich unter »Retter« vorstellen? Beim anschließenden Bericht staunten alle über die Worte der Hirten. Hatten sie bereits eine erste Ahnung, dass dieses Kind einmal mehr sein würde als der üblicherweise erwartete politische Befreier? »Maria aber bewahrte alles, was geschehen war, in ihrem Herzen und dachte darüber nach.« Sie dringt allmählich in die Entscheidungen Gottes ein.

Gegen 16.30 Uhr kommen wir in unserem Gîte in Orisson in einem der Zimmer zusammen und hören Helmut zu, der über das Rolandslied spricht, und ich lese dann ein paar ausgewählte Textstellen daraus vor. Was hat das Rolandslied heute noch mit dem Jakobsweg zu tun, außer dass der Weg an dem Ort vorbeiführt, an dem die Schlacht stattfand? Roland wurde in seiner Zeit als christlicher Held und Märtyrer dargestellt und sein Vorbild mag auch manchen mittelalterlichen Pilger beflügelt haben. Er hat gegen den Islam gekämpft, der sich ja auch heute (und das nicht erst seit dem 11. September) durch islamistische Terroristen gegen das Juden- und das Christentum stellt. Auf einer Tafel an der alten Holzbrücke in Beuron wird Santiago de

Compostela als Bollwerk gegen den Islam bezeichnet. Sollte man das heute noch immer so sehen? Wenn die Juden unsere »älteren Brüder im Glauben« sind (Johannes Paul II.), was ist dann mit den Moslems? Sind sie vielleicht nicht doch unsere jüngeren Brüder im Glauben?

Gedanken auf dem Weg. Können Sie sich nicht einen anderen Sport aussuchen als das Wandern? fragte der Professor, nachdem er die Computeraufnahme meines rechten Knies nochmals angeschaut hatte. Da ist zwischen den Knochen nur noch wenig Knorpelmasse zu sehen … Na ja, gegen Arthrose hilft bekanntlich Bewegung und ein Pilger ist mehr als ein Wanderer. Was mich nach Santiago zieht, sind bestimmt nicht sportliche Gründe. Was aber dann? Fast vierzig Jahre lang war ich mit jungen Menschen eingedrungen in die Verästelungen des Logos, erschrocken vor den Endlösungen der Vernunft, gelähmt durch ihre menschenzerstörende Dialektik. Zur Ruhe gesetzt, habe ich meinem Leib vertraut, Kräfte gespürt, beschränkt zwar, aber von ganz neuer Art, einen Drang, der ein Ziel verlangt, noch weiter entfernt als das Blau des Horizonts: Santiago, wo das Lächeln des Apostels sich an die sterbende Sonne heftet. Das Lächeln des Apostels begreifen, wäre das nicht ein Grund zum Aufbruch? Für eine beschränkte Zeit alles hinter mir lassend, den Leib erproben und fordern, die Schmerzen im Knie ertragen. In Gemeinschaft mit Freunden gehen und beten, singen und essen, trinken und über die Frohbotschaft reflektieren. Vor allem mit der Gefährtin gehen, ihre Hilfe annehmen können, und über Thomas, den Ungläubigen, sprechen, wie es zu Hause nie möglich gewesen wäre.

Nájera, Kloster Santa Maria de la Real. Wir steigen eine Wendeltreppe hoch und bekommen das fein geschnitzte Chorgestühl aus dem 15. Jahrhundert gezeigt. Bevor die Mönche den

Gebetsraum betraten, mussten sie zwischen zwei großen und eindrucksvollen Figuren hindurchgehen. Rechts die Figur des Narren, der den Verstandeszweifel verkörpert (im Extremfall leugnet der Narr die Existenz Gottes) – links die Figur einer attraktiven Frau, Verkörperung der natürlichen Lüsternheit. Beides, Zweifel des Verstands und Lüsternheit der menschlichen Natur, sind Gefahren, denen sich der Einzelne stellen musste, bevor er sein Gebet an Gott richten konnte.

Jetzt gehen wir schon über acht Jahre auf dem Jakobsweg, eine lange Zeit, in der sich für viele von uns in ihrem Leben viel verändert hat, doch ist mein Wunsch, diesen Weg bis ans Ziel zu gehen, unverändert. Was bedeutet für mich dieser Weg? Er ist ein Weg zu mir und meinem Gott. Er bedeutet mehr Erkenntnis, Klarheit über mich selbst. Er verhilft zu Ehrlichkeit mir selbst und anderen gegenüber. Dieses Jahr lehrte mich der Weg Liebe. Für mich heißt lieben: voller Freude und Achtsamkeit ganz im Augenblick zu sein, fasziniert zu sein, mit allen Sinnen wahrzunehmen, Zeit zu investieren, dankbar zu sein. Dies alles hat mich der Weg in diesem Jahr gelehrt. Wie oft war ich voller Freude und Achtsamkeit ganz im Augenblick versunken, z. B. beim Anblick der wunderschönen Weite der Landschaft mit ihren schneebedeckten Bergen im Hintergrund und über mir die Störche fliegend, oder beim Besuch des Klosters Miraflores in Burgos beim Betrachten der überirdisch schönen alabasternen Grabstätte. Wie oft faszinierte mich die unterschiedliche Motivation der Pilger, diesen Weg zu gehen, etwa das Ehepaar, das dreißig Tage ging und jeden Tag ein Jahr seiner Ehe gemeinsam betrachtete. Wie oft durfte ich mit allen Sinnen diesen Weg wahrnehmen: Ich hörte das Klappern der Störche, ich freute mich am Rot des Mohns, genoss die ersten Kirschen des Jahres, fühlte mich geborgen im Kreis der Mitpilger, spürte die wärmende Sonne auf meinem Rücken, streckte mich dankbar im

Gras aus, fühlte nur Glück und Dankbarkeit in der Heiligen Messe. Die Zeit, die ich auf dem Jakobsweg verbringe, ist mir kostbar und bestens investiert. Der Weg lässt mich nicht nur meine große Dankbarkeit über alles, was mit ihm zusammenhängt, spüren, sondern er prägt sich so tief in mich ein, dass sie mein ständiger Begleiter auch im Alltag ist. Und dafür bin ich wieder unglaublich dankbar. Ich liebe diesen Weg, er lehrt mich, mich selbst, meine Mitmenschen und die Dinge zu akzeptieren und zu lieben, so wie sie sind.

In Villafranca Montes de Oca halte ich in einem der Aufenthaltsräume meinen Vortrag über Lessings Nathan. Nach der Ringparabel entspannt sich eine breite Diskussion. Vernunft steht in Opposition zu den Trieben. Diese Triebe sind einerseits für das (Über-)Leben wichtig, andererseits können sie für den Fortbestand des Lebens gefährlich werden. Die Diskussion konzentriert sich immer mehr auf den Ring. Der Ring ist ein Symbol für Unendlichkeit, für Magie, für Bindung. Die ist für viele Jugendliche ein Problem, sie wollen (können) keine Bindung eingehen, aber wer sich nicht bindet, verfällt der Angst. Schlussfrage: Gibt es am Ende aller Tage drei Wahrheiten, für jeden der drei Brüder eine eigene, oder gelangen alle zur einen Wahrheit Gottes? Jakobus: Beim Aufstieg der Vernunft auf den Berg der Wahrheit bleibt der Gipfel im Nebel. Die Vernunft und die vom griechischen Logos geprägte Theologie können Gottes Vernunft nicht durchschauen. Schlussimpuls: Was ist Toleranz? Warum ist es so schwer, tolerant zu sein? Die lebhafte Diskussion gibt uns allen Stoff zum Nachdenken und für weitere Gespräche.

Am Abend nehmen wir an der Vesper der Mitbrüder im kleinen Benediktinerkloster von Rabanal teil. Trotz aller Einfachheit entwickelt das Gebet in der halbfertigen Kirche seine Kraft.

Viele Pilger unterschiedlicher Nationen und wohl auch Konfessionen und Religionen lauschen aufmerksam nach Außen und nach Innen. Es beeindruckt mich, dass es hier ein Wegkloster unseres Ordens gibt, dass »wir« flexibel und lebendig genug sind, auf eine spirituelle Situation zu reagieren. Im Prozess des Pilgerns öffnen sich viele Menschen dem göttlichen Anruf und der göttlichen Gnade. Gerade hier ist es wichtig, mit geistlichen Menschen ins Gespräch zu kommen, um Zeichen und Erfahrungen zu deuten und zu verstehen.

Später nehmen wir dann ein gutes Pilgermenü zu uns, bei dem es sehr ausgelassen und lustig zugeht. Unter großem Gelächter bekennen wir die gestrige Veterano-Völlerei. Andreas bekommt ganz runde, glänzende Augen und bekommt den Rest des Veteranos aus Brunhildes Wasserflasche. Die anschließende Komplet im Kloster habe er »dann ganz beschwingt erlebt«.

Bald darauf treffen wir uns zu einer Vesper in der Kirche von O Cebreiro. Eine kleine Seitenkapelle bietet gerade genügend Sitzplätze für uns Frauen. Die Kirche selbst ist aus Bruchsteinen errichtet wie die Häuser des Dorfes. Das Abendessen wird in einem schönen Saal über der Gaststube serviert. An unserem Tisch sitzt ein älterer Belgier, der seit April unterwegs ist. Wir haben ihn schon einige Male unterwegs getroffen; er zieht seinen Rucksack auf einem Gepäckkarren hinter sich her, den er sich nach den ersten Pilgerwochen wegen Rückenproblemen zwangsläufig zulegen musste. Die Unterhaltung wird abwechselnd auf deutsch und französisch geführt. Ein Onkel von ihm war ein in Kirchenkreisen anscheinend bekannter Mönch. Bruder Jakobus konnte ihm einiges über ihn erzählen, was er selbst noch nicht wusste.

Nach dem Abendessen freuen wir uns auf den besonderen Punsch, den uns Elisabeth auf Ihr Wohl spendiert. Die Wirtin bringt eine große Terrine, deren Inhalt entflammt ist – es sieht toll aus und keiner kann glauben, dass wir diesen Topf leeren werden. Aber wir können! Es ist ein hochprozentiges, recht süßes Getränk und bei den Zutaten fehlt mir die Erinnerung, ob ich etwa zuviel davon hatte und mich jetzt nicht mehr erinnern kann? Auf jeden Fall zücke ich das Handy und wir singen Elisabeth ein Ständchen und bedanken uns vielmals für das Geschenk, dass sie uns macht. Und spätestens jetzt ist jeder von uns (außer Leo) gut durchwärmt und hat die nötige Bettschwere für süße Träume – nochmals vielen Dank der edlen Spenderin!

Beim Pilgergespräch in Portomarín scheiden sich wieder einmal die Geister und ich merke, dass auch nach neun Jahren Weg keiner aus seiner Haut heraus kann.

Zum Abendessen schließen sich uns die beiden Augsburger, Martin und Georg, an, denen wir am Nachmittag ein Quartier in unserer Pension verschafft hatten. Martin geht den Weg, »weil er einmal etwas durchhalten will«, was er bisher in seinem Leben noch nie geschafft hat. Georg hat sich schon seit Jahren für den Jakobsweg interessiert. Jetzt gehen sie zusammen die 800 Kilometer von St. Jean-Pied-de-Port nach Santiago in fünf Wochen – sie sind das Laufen gewöhnt und gehen bis zu 35 Kilometer am Tag. Das Essen verläuft unter angeregtem Gespräch und zum Abschluss versuchen wir noch die Spezialität von Portomarín, einen Orujo mit Kräutern.

Am Abend halten wir unser letztes Pilgergespräch hinter der Kathedrale auf der oberen Terrasse der Plaza Quintana, bei dem wir zurückblicken. Ich spreche zunächst von unseren Erfahrungen in der Zweiergruppe, im Gegensatz zu denen in der Großgruppe. Anschließend schildere ich, wie sich meine Motivation für diese Pilgerfahrt im Laufe der Jahre verändert hat: vom kunsthistorischen Interesse immer mehr hin zur spirituellen Bedeutung. Der Christus im Porticus ist nicht mehr der Richter, wie in Conques, der zwischen Erwählten und Verdammten gestisch unterscheidet, sondern der Erlöser aller, die den Weg durchgehalten haben; jeder wird mit ausgestreckten Armen aufgenommen. Dieser Christus zeigt, wie Gott ist: ein liebender Vater.

Ich bin nur drei Jahre lang mitgegangen. Was hat der Pilgerweg mir gebracht? Mein erstes Jahr war der Dankbarkeit gewidmet. Kurz zuvor hatte ich Verdacht auf Krebs und musste mich vielen Untersuchungen unterziehen. Ich durfte weiterleben. Mein zweites Jahr war das Jahr der Freude, in dem ich viel mit Bernd gelaufen bin, dessen fröhliche Art mir gutgetan hat. Und dieses dritte und letzte Jahr? Ich bin etwas näher zu mir gekommen und näher bei mir, das heißt für mich auch näher bei Gott. Ich habe ein Fünkchen mehr Freiheit gewonnen.

Angekommen in Santiago

Wir sind also angekommen. Am 23. Mai sind wir früh in Arca losgepilgert. Bernd und Andreas um 6.30 Uhr, wir um sieben. Einige fuhren nach Lavacolla, wir anderen gingen ganz »normal« den Weg über den »Berg der Freude – den Monte Gozo« in die Stadt. Am Platz des Camino, am ehemaligen Stadttor, treffen wir alle zusammen, sitzen in einem Café und bereiten uns auf den letzten Wegabschnitt vor. Durch die Altstadt gehen wir gemeinsam zur Kathedrale. Dort empfängt uns ein ziemliches Durcheinander von Musik, Eindrücken und Erfahrungen. Wir suchen einen »stillen Ort« für unser Ankommen und finden ihn erst hinter der Kirche. Dort können wir einen »geistlichen Ruhepunkt« aufbauen und unsere gewohnte Andacht halten, bevor wir in die Kirche gehen. Ich bin leer von Erwartungen, kann noch gar nichts mit Santiago verbinden, bin aber ganz offen.

Die Kirche macht mir einen reichen und vielfältigen Eindruck, so vielfältig, dass ich sehr sorgsam die einzelnen Eindrücke aufnehme. Ich versuche, den Verehrungsweg zu gehen; die Tür, das Portal, das Schiff, der Altarraum, die Krypta und der Santiago vom Hochaltar. Ich benötige eine ganze Zeit, um all das zu »finden«, aus der Vielfalt, die dadurch schon wieder Einfalt wird. Nur langsam bekommt Santiago für mich ein sich schärfendes Profil. Ich brauche Zeit um wahrzunehmen, zu erkennen und lasse mir auch diese Zeit.

Heute, am 23. Mai, ist das Erscheinungsfest des Matamoros, des Maurentöters von Clavigo (Schlacht um 844). – Mit dem Maurentöter habe ich, haben wir ja unsere Schwierigkeit. Ich habe schon davon erzählt. Um was also ging es? Es ging um Macht, Geld, um Einfluss und Karrieren. Dafür brauchte man einen Philosophen, einen »gedanklichen Hintergrund«, eine metaphysische Begründung: die Religion. Was aber wäre wirklich zu bekämpfen? Es wären die inneren »Mauren«, die inneren »Teufel«, es wären eben die Dämonen von Gier, Macht,

Reichtum, von Ruhmsucht und Stolz. Der eigentliche »Mohr« sitzt in uns und der »wahre Jakob« hilft uns, diese inneren Mohren zu bekämpfen, die »innere Schlacht« zu schlagen. Dort auf dem inneren Schlachtfeld erschien und erscheint er. Dort gibt er uns Mut, Tapferkeit und Hingabe. Dort stirbt das alte, kleine, selbstsüchtige Ich und ein neues Leben beginnt. Dort geschieht Auferstehung schon in diesem Leben, schon auf dem Weg nach Compostela auf dem Sternenfeld, dort, wo der Stern, das Licht Gottes, dem Pelayo erschien und er das verschollene Grab des Spanien-Missionars Jakobus fand, des Fischers vom See Genezareth, des Ausgesandten Jesu, der auf sein Geheiß hin bis ans damals bekannte Ende der Welt zog. Nach der Tradition kam ein anderer der Zwölf bis nach Indien, in den äußersten Osten, wo in Madras noch heute das Grab des Apostels Thomas gezeigt wird. Jakobus aber kam bis in den äußersten Westen der damals bekannten Welt, ins nordwestliche Spanien. Freilich sind diese Traditionen historisch nicht sehr belastbar, sind aber doch seit ältester Zeit stabil und Grundlage einer dauerhaften Verehrung von Millionen gläubiger Christen.

Hier stellt sich auch die Grundfrage der Erkenntnis. Vor welchem Hintergrund deuten wir Fakten, vor welchen Grundkoordinaten ordnen wir historische und physische »Daten« ein. Ist die Annahme eines rein empirischen Weltbildes nicht ein falsches Verständnis, das in die falsche Richtung weist und, je länger, auch führt? Natürlich müssen physische und historische Fakten bewertet, berücksichtigt und eingeordnet werden, müssen beitragen zu unserem Menschen-, Welt- und letztlich auch Gottesbild.

Leider entzieht sich Gott einer unmittelbaren Erfahrung. Jedes Bild, jedes Wort, jeder Gedanke wird durch die Realität Gottes, seines Schöpfers gesprengt. Die Unähnlichkeit ist tausendfach größer als die Ähnlichkeit, die im Gleichnis, in der Analogie aufgegriffen wird. Das Geschenk einer mystischen

Erfahrung des Unnennbaren, des Unsagbaren und Unbegreiflichen kann nicht über den »Nu« der Erfahrung hinaus transportiert und vermittelt werden. Die mystische Erfahrung ist situativ und somit höchstpersönlich.

Dennoch: Gott ist erschienen, die Anschauung Gottes in der Materie seiner Schöpfung, im Fleisch seines Geschöpfes hat IHN anschaulich gemacht, ist die Wendemarke der Geschichte; einer Geschichte, die nicht zuerst Welthistorie sondern Heilsgeschichte ist. Ein Weg durch die Zeiten, auf dem Gott sein Werk, seine Schöpfung zur Vollendung führt.

Der Kairos, der Wendepunkt dieser Geschichte, ist die Inkarnation Gottes, seine Fleisch- und Menschwerdung, denn: »Das WORT ist FLEISCH geworden«.

Jede Nachfolge Jesu, jedes Eintreten in den WEG geprägt von der Verbindung von Geist und Materie in der menschlichen Kreatur, im Durchdringen der materiellen Strukturen und einer Umgestaltung fehlgesteuerter Energien.

Das Ankommen in Santiago war schwierig für mich und dieser Umstand, das »Warum?«, beschäftigt mich bis heute. Der Weg ist für mich noch nicht zu Ende, Santiago war eine wichtige Zwischenstation, ein Ort der Einübung für das ungleich größere Ziel des Lebens, den Durchgang durch den Tod zur Auferstehung.

Die irischen Mönche des 6. und 7. Jahrhunderts übten als besonderes Exerzitium die Heimatlosigkeit auf Erden. Sie zogen von ihrer geliebten Insel auf das europäische Festland, um dort quer durch den Kontinent zu den Apostelgräbern nach Rom und zu den heiligen Stätten von Tod und Auferstehung Jesu Christi nach Palästina und Jerusalem zu ziehen. Indem sie diese Gräber aufsuchten, verehrten sie nicht zuerst die sterblichen Gebeine der heiligen Glaubenszeugen, sondern begaben sich zum Ort ihrer Auferstehung, dem Kern der Botschaft Jesu. Auch mein und unser Pilgern nach Santiago sollte diesem Glauben dienen, ihn festigen und vertiefen. – Besonders in der Krypta unter dem Hochaltar, dort, wo sich nach der Tradition das ursprüngliche Grab des Zebedäus-Sohnes seit dem Jahre 44 befand, dort kam ich an, besonders in den frühen Morgenstunden, als noch Stille die Kathedrale erfüllte.

Santiago ist eine Großstadt mit schönem mittelalterlichen Kern. Es ist eine Metropole mit großer geschichtlicher und kirchlicher Tradition und damit ist schon das meiste gesagt. Pilgerorte werden heute – aber auch schon früher – kommerziell und touristisch vermarktet. Viele werden die stillen Wege in Zentralfrankreich, in Navarra oder Kastilien mehr schätzen als die laute Wallfahrtsstätte. Und dennoch: Das Ziel gehört zum Weg, wenn es auch wiederum in eine Krisis, eine Weg-Entscheidung führt. Es gilt, die Verwirrung, die dieser Ort ausstrahlt, zu klären, all die Vielfalt der Eindrücke zu lassen, um zu einem einfachen Blick zu gelangen. Darüber hinaus gilt es, den Reichtum der Kathedrale im Angesicht von Tod und Auferstehung zu lassen und zur Armut des Pilgers und der Schlichtheit des Weges zurückzukehren, zu dem Pilger, der sich jeden Morgen neu auf den Weg macht, jeden Tag treu seinen Weg geht, der seinen Leib achtet und sich im Gebet immer tiefer durchsichtig wird und so eins wird mit IHM.

Alles Weitere während der folgenden Tage in Santiago waren Ereignisse, die gleichsam aus den Augenwinkeln gesehen sind, der Festgottesdienst und die Überreichung der Kooperations-Urkunde, der Besuch im Kathedral- und Pilgermuseum, die verschiedenen Winkel in der Stadt, die Verabschiedung vom Pilgerort und der Rückflug nach Hause.

Gegen zehn Uhr sind wir am Monte de Gozo, am Berg der Freude, von wo aus man früher die Kirchturmspitzen von Santiago sehen konnte. Hier sanken im Mittelalter die Pilger auf die Knie und dankten Gott unter Tränen, dass sie es bis hierher geschafft hatten. Bei uns kommt kaum solche Rührung auf. Möglich, dass das klotzige Riesenmonument, das anlässlich eines Besuchs von Papst Johannes Paul II. erbaut wurde, daran schuld ist, vielleicht auch die Coca-Cola-Schirme in hellem Rot, die vor einem Imbisswagen aufgestellt sind.

Margret überkommt der große Katzenjammer, weil Elisabeth nicht dabei ist und uns fehlt. Bernd und Andreas laufen nach einigen Fotos vom Denkmal weiter und ziehen »Halleluja und Ultreia« singend in Santiago ein. Margret hat gemischte Gefühle: Einerseits ist es sicher schön, in Santiago anzukommen, andererseits will sie einfach noch nicht ankommen. Aber am Ortseingang überkommt sie plötzlich ein Hochgefühl und Stolz. Am liebsten würde sie den Autofahrern zurufen: »Schaut mich an! Ich bin zu Fuß von Stuttgart bis hierher gelaufen und jetzt bin ich angekommen.« In ihrer frischen Ankunftseuphorie wäre sie am liebsten gleich zur Kathedrale durchgesegelt, aber wir haben uns alle um 14 Uhr mit Bernd und Andreas in einem Café an der Puerta del Camino verabredet. – Es heißt warten.

Dann gehen wir die letzten Meter unseres langen Pilgerwegs von Beuron bis hierher. Durch Altstadtgässchen kommen wir von Osten an den Chor der Kathedrale. Ich gehe wie in Watte, spüre wenig an Gefühlen oder Stimmungen in mir. Ich bin eher nüchtern. Dann hört man Musik, etwas radauhaft, noch einige Schritte und schon stehe ich auf dem Platz vor der Kathedrale, komme aber nicht zur Ruhe, werde durch den Lärm einer Jazzkapelle weitergetrieben.

Endlich stehen wir vor der Kathedrale, umgeben von ohrenbetäubendem Lärm: Eine Guggenmusik spielt ausgerechnet jetzt und hier.

Nach einem ruhigen Platz suchend, gehen wir immer weiter, bis wir zur Plaza Quintana hinter der Kathedrale kommen. Dort endlich ist es möglich, eine Pilgerandacht zum Dank für unser Ankommen zu halten. Zum Schluss singen wir auf ausdrücklichen Wunsch von Brunhilde »Großer Gott, wir loben Dich«. Ja, sie hat allen Grund, zu loben, zu preisen und zu danken. Es waren für sie sehr wertvolle Jahre.

Dann gehen wir ein erstes Mal in die Kathedrale. Auch hier ist es durch das ständige Kommen und Gehen der vielen Besucher ziemlich unruhig. Der heilige Jakobus auf seiner wegen Restaurierungsarbeiten abgesperrten Säule schaut sinnend in die Ferne. Zu den »Pilgerzeremonien« gehört, dass man die Finger in die durch Millionen Berührungen im Laufe der Jahrhunderte gebildeten Vertiefungen am unteren Teil der Säule legt, aber dies ist uns durch das Absperrgitter nicht möglich, wir müssen auf andere Art unsere Ankunft be-greifen ... Jetzt sind wir also angekommen, aber irgendwie weiß ich gar nicht, was ich hier soll, so fremd fühle ich mich.

Petra empfindet diesen ersten Besuch in der Kathedrale anders: Ich bin überrascht, wie geborgen ich mich in der Kathedrale fühle. Schon der Porticus de la Gloria von Meister Mateo ist eine einzige Einladung. Alle Figuren, vor allem die jugendlichen Apostel, die zum Teil richtig lachen, sie alle sagen zu mir: »Hallo Petra, schön, dass du da bist, auf dich warten wir schon lange.«

Alle erkennen sofort auf der Mittelsäule sitzend den heiligen Jakobus, der die Pilger mit seinem geheimnisvollen Lächeln begrüßt. Über ihm thront Christus, umgeben von den vier Evangelisten; neben ihnen Engel mit den Werkzeugen der Passion. Im Bogen des Tympanon die 24 Ältesten der Apokalypse. Christus ist hier nicht mehr der Richter wie in Conques, sondern der Erlöser aller, die auf ihrem Weg durchgehalten haben; jeder wird mit ausgestreckten Armen aufgenommen.

Wir können uns von Gott kein Bild machen; alles, was wir über Ihn wissen, wissen wir aus den Reden des Sohnes über den Vater. Wie sollen wir uns Gott vorstellen? Der Christus dieses Tympanons zeigt es uns durch seine Gestik: Gott ist ein liebender Vater.

Im Pilgerbüro nebenan bekommen wir dann nach Vorlage unseres Pilgerausweises unsere Compostela und gehen zunächst in unser nahe gelegenes Hotel.

Einige gehen dann noch einmal zur Kathedrale zurück.

Ich will einfach nur sitzen und mich freuen, danken. Es sind jetzt auch nicht mehr so viele Menschen dort, ich kann zum Sarkophag in der Krypta gehen und anschließend die große Jakobsbüste hinter dem Hauptaltar umarmen.

Die Umarmung der großen Jakobsbüste hinter dem Altar verblüfft mich, ich erlebe dabei einen richtigen Energieschub und ich fühle die Schwingung der vielen tausend Pilger, die ihn schon vor mir umarmten.

Ich bin da und nicht da. Mir erscheint die Situation unwirklich. Ich bin den Weg gegangen und bin jetzt angekommen. Was ist mit mir geschehen? Ich freue mich, dass wir alle das Ziel erreicht haben, jeder für sich und doch in der Gemeinschaft. Und dennoch will so recht keine überschwängliche Freude und Befreiung von dieser Aufgabe oder Übung, von diesem inneren Versprechen und geistlichen Vorhaben, von diesem »Gelübde« der Pilgerschaft, das hier und jetzt erfüllt wurde, einsetzen. Ich gehe wieder um die Kirche, betrete über die Haupttreppe das Portal. Gemeinsam mit der Gruppe und vielen anderen Pilgern betrete ich die Kirche, die mir noch ganz fremd und kalt erscheint. Eine Kirche, die noch nicht meine Kirche ist. Ich wandle durch das Hauptschiff, sitze auf einem Stuhl, gehe zum Altar, zur Krypta. Die Anstrengung der über 2000 Kilometer will sich nicht lösen, sondern sitzt im ganzen Körper: Die Kraft des Weges, die Erfahrungen von vielen Kirchen, Orten und

Hl. Jakobus, Westportal der Kathedrale von Santiago

Landstrichen haben sich mit mir verbunden und sitzen nun in den Zellen meines Leibes. Weg und Ich sind Eins geworden, nicht mehr trennbar. Ich bin verändert, ein Anderer geworden, durch den Weg. Später werde ich sagen, ich habe eine 2400 Kilometer lange »Wegschlange« verschluckt, die ich jetzt in den nächsten zehn Jahren erst noch verarbeiten muss.

Am Nachmittag macht Herr Schneller mit uns eine Führung um und durch die Kathedrale und wir verweilen lange am Plateriasportal. Die Darstellung der Erschaffung von Adam und Eva heilt regelrecht etwas in mir. Gottvater umarmt Adam und hat seine rechte Hand auf Adams Herz, er schaut ihm in die Augen – sie sind auf gleicher Augenhöhe – und er bläst ihm den Odem ein. Gegenüber das gleiche Geschehen mit Eva, aber sie lachen sich dabei richtig an. Unglaublich, wie die Lebensfreude und der tiefe Glauben von Meister Matteo mich berühren.

Nach der Führung durch die Kathedrale durch Herrn Schneller hat die Verbindung von Gottvater und Eva (dargestellt am Südportal, Porico de las Platerias) noch lange in mir nachgewirkt.

Eva
Da stehst du,
aufrecht und bereit für ein gesegnetes Leben,
in Augenhöhe mit dem Vater,
der dir liebevoll mit seiner linken Hand
den Hals umgreift und
mit der Rechten auf dein Herz verweist.

Beherzige mein Gebot!
Vom Baum der Erkenntnis von Gut und Böse
Darfst du nicht essen;
denn sobald du davon isst,
wirst du sterben.

Gottvater und Eva, Südportal der Kathedrale von Santiago

Ach Eva,
warum nur musstest du
von den Früchten des Baumes essen?
Dein Verstand reichte ja nicht einmal aus,
die List der Schlange zu durchschauen.

Du hast dich entschieden,
und uns allen wird dieselbe Freiheit zugestanden.
Doch wir leiden daran,
dass die Hand des Vaters
uns nicht mehr umfasst.

Heute ist eines der drei großen Jakobusfeste, der Tag der »aparicion«, an dem der Erscheinung des heiligen Jakobus als Maurentöter bei der Schlacht von Clavigo (844) gedacht wird. Aus diesem Anlass ist heute um 19.30 Uhr ein Festgottesdienst mit der Erzbruderschaft und Bruder Jakobus hofft auf die Aufnahme der jungen Beuroner Jakobuspilger-Gemeinschaft. Der Gottesdienst ist feierlich und lang; zunächst wird in einer Prozession zu Litanei und wundersamem Bläserklang eine silberne Statue des heiligen Jakobus durch die voll besetzte Kirche getragen. Der Hauptzelebrant hält eine engagierte Predigt und zur Kommunionsausteilung singt eine deutsche Sopranistin sehr ergreifend das »Panis angelicus«. Anschließend wird der berühmte Botafumeiro, ein fünfzig Kilogramm schweres Weihrauchfass, durch das Kirchenschiff geschwungen. Ich habe das Gefühl, dass uns das volle Programm geboten wird, und bin glücklich und dankbar.

Nach langer Zeit, die Kirche hat sich schon fast geleert, wird die Beuroner Jakobuspilger-Gemeinschaft aufgerufen. Ich stiefele nach vorne, will die Sache gut machen, verstehe aber nur ein wenig von dem, was gesagt wird, schüttele Hände, nehme eine Urkunde entgegen und mache eine Verneigung ... Ich bin dankbar und etwas stolz. Nun hat es doch noch sein sollen, es kam aus Gottes Güte, nicht aus Berechnung.

Zum Abendessen sehen wir Pilger uns wieder; einige sind enttäuscht, dass sie schon gegangen waren, als die Überraschung dann doch noch eintrat. Die folgenden Stunden und Tage erscheinen mir wie in Zeitlupe, die Zeit verläuft seit diesem Ankommen anders, langsamer. Ich sinne darüber nach, was mit mir geschah und wie es zu verstehen, einzuordnen, zu leben ist. Was ist mit jedem Einzelnen, mit unserer Gruppe geschehen? Der gemeinsame Weg ist an ein zeitliches Ziel gekommen, die Gemeinschaft des Pilgerwegs in Freundschaft und Zuwendung miteinander verbunden, löst sich nun langsam auf. Jeder wird nun seinen eigenen Weg weitergehen, ihn in der Zeitlichkeit gestalten. Ich lausche in die Stille, schaue auf den weiten Horizont und zu dem hin, in dem wir alle Eins sind. Das Ankommen verbindet sich mit dem aktuellen Schmerz der Trennung und der Hoffnung auf die weiter wachsende Einheit der Pilgergemeinschaft auf dem größeren geistlichen Weg.

Ein ganz besonderes Erlebnis für mich ist Finisterre. Wir fahren durch eine sehr fruchtbare Gegend und plötzlich schimmert das Meer. Durch die Bäume. Dann gehen wir von der Ortschaft hoch zum Kap, dem »Ende der Welt«. Wie muss es im Mittelalter den Pilgern zumute gewesen sein, glaubten sie doch, die Erde sei eine Scheibe und hier ist sie nun zu Ende und es beginnt die Unterwelt. Lange sitzen wir bei kräftigem Wind an der Steilküste und schauen aufs Meer und die starke Brandung. Jetzt habe auch ich endlich das Gefühl, angekommen zu sein.

Vor unserer Abfahrt feiern wir ein letztes Mal die Pilgermesse in der Kathedrale mit und halten dann unsere letzte Andacht an der »Klagemauer«, dabei singen wir das Lied »Meine Zeit steht in deinen Händen …« Jakobus fasst alles zusammen mit den Worten: » Unser Blick geht dankbar zurück, aber auch mit Zuversicht nach vorne.«

Kirche am Jakobsweg

Die Hitze des Tages
spült mich in das kühle Dunkel
der alten Kirche am Weg,
ich komme zur Ruhe.

Einst stolze Abtei –
und heute …

Bunte Glasfenster
künden die Geheimnisse der Gottesmutter
Maria –
die Verkündigung und Geburt des HERRN,
die Stationen seines Leidens und
seine Auferstehung.

Im hohen Gewölbe strahlt auf
der Glanz des österlichen Halleluja,
bricht sich der Klang
an romanischem Gewölbe und
ist Nahrung für die Seele.

Epilog

Die Heimkehr, der Alltag

Zehnmal haben wir eine Rückfahrt vom Pilgerweg erlebt. Zuerst im Bus als geschlossene Pilgergemeinschaft, als Pilger, die auf der Rückfahrt unter sich blieben und so die Rückfahrt als Ausklang der jährlichen Etappe gestalten konnten. Wir sangen noch einmal das Liederheft durch, hingen unseren Gedanken nach und rekapitulierten die Geschehnisse der letzten Tage, sprachen über Quartiere und Begegnungen. Der Bus brachte uns direkt bis zum Ausgangspunkt vor das Kloster in Beuron, von wo wir aufgebrochen waren. Als die Entfernung zu groß wurde, stiegen wir um auf den Fernzug, der uns nach Paris brachte, und von dort in den TGV nach Stuttgart, wo sich die Gruppe voneinander verabschiedete. Die letzten beiden Etappen nach Spanien benutzten wir sogar das Flugzeug und die Heimreise von Santiago ging über Mallorca nach Stuttgart. Als wir dort mitten in der Nacht ankamen, erwartete uns dort unser altvertrauter Bus, der gegen ein Uhr schließlich vor dem Gästehaus des Klosters in Beuron hielt und den Rest der Pilgergruppe absetze. Die letzte Heimfahrt von Santiago machte deutlich, welch gewaltigen Weg wir mit den Füßen, mit vielen kleinen Schritten, zurückgelegt hatten. Mit modernsten Verkehrsmitteln benötigten wir fast einen ganzen Tag für diese Strecke.

Wenn wir auch als Pilger zum Grab des heiligen Jakobus den ganzen Weg in klassischer Weise zu Fuß zurückgelegt und die dortigen Orte der Verehrung besucht haben, so ist unsere Rückkehr und der Abschluss des großen zehnjährigen Pilgerunternehmens doch weiter offen für die Zukunft. Wie verschiedene Pilger berichteten, blieben und bleiben viele Fragen an den Weg und den heiligen Jakobus offen, sind unbeantwortet und bewegen uns weiter. Auch wenn wir nicht vorhaben, einen neuen, anderen Pilgerweg und Wallfahrtsort zu begehen, so bleiben wir dennoch weiter auf dem Weg. Die Pilger halten weiter untereinander Kontakt, sie pflegen lebendigen

Austausch und verabreden sich zu Pilgertagen auf den regionalen Jakobswegen. Aus der Erfahrung des Pilgerns in fernen Landen erwuchs für mich der Wunsch, anderen Menschen, die Jakobuswege gehen wollen, zu dienen. Zwischen Tübingen und Konstanz bauten wir einen Beuroner Jakobsweg auf, der unter anderem das Benediktinerkloster Beuron im Donautal berührt. Im Gespräch mit kommunalen und kirchlichen Behörden, unter Einsatz von Spendenmitteln konnten wir dies in wenigen Jahren verwirklichen. Wir luden Pfarrer, Bürgermeister und andere Verantwortliche ein, uns zu unterstützen, und bemühten uns, den bereits beschriebenen Prozess des Dialogs zwischen Menschen auf dem Weg und am Weg zu fördern. Darüber hinaus entstanden Wegpatenschaften, ein Pilgerführer zum Beuroner Jakobsweg, eine Homepage (www.via-beuronensis.de) und eine Beuroner Jakobspilger-Gemeinschaft, die seit Sommer 2009 ein eigenes Pilgerbüro in Beuron betreibt, wurde gegründet.

Der Pilgerweg geht weiter und will im Alltag gelebt und verwirklicht werden. Jeder Einzelne gibt mit seinen Gaben und Möglichkeiten Zeugnis von seinen Erfahrungen und Einsichten, ist selber verantwortlich für das Pflänzchen, das in ihm gepflanzt und genährt wurde. Wir sind angekommen in Santiago und zuhause, wir sind weiter unterwegs auf dem Weg des Lebens, wir suchen weiter Antworten auf die Frage, was wir fanden, schauen nach vorne zu den nächsten Stationen und Etappen, jeden Tag neu ...

Neues Leben

Himmel des Glaubens
fiel auf die Erde
und wurde fruchtbar
wie Regen und Tau
auf geackertem Land.

Himmel und Erde
werden Eins
und neues Leben
regt sich
in Steppe und Wüste
vielfältig neu
in Blumen und Korn

zur Nahrung für
Seele und Leib.

Regen, Regen, Regen … Nach dem Gottesdienst in Flüeli fahren wir mit dem Bus nach Sachseln zum Bahnhof. Schon hat uns der Alltag wieder: »Wie komme ich am schnellsten nach Hause?« – »Wer holt mich am Bahnhof ab?« Telefonieren hierhin, telefonieren dorthin … Die Ruhe und Gelassenheit der Pilgerschaft ist vorbei.

Bindfädenregen und Schnee. Ich verabschiede mich von Flüeli und vom Bruder Klaus. Nächstes Jahr komme ich wieder hierher und dann ziehen wir weiter zum heiligen Jakob. Der Himmel weint, Dauerregen. Auch hier war die Planung recht ordentlich. Nach dem Gottesdienst geht es bergab zum Bahnhof und dann Richtung Luzern. So richtig mit steigernder Hektik. Ich schaue aus dem Fenster des Zuges und sehe in den Wolken und Nebellöchern Schnee auf den Bergen. Dort, wo wir in den letzten Tagen pilgerten, liegt heute Schnee. Bis auf 800 Meter herunter hat es am Pfingsttag geschneit. Auch das gehört dazu – wir werden geführt, beschützt und gefordert. Schritt für Schritt und Tag für Tag, so ist der Weg zum heiligen Jakob. Dankbarkeit und Zuversicht sind gewachsen. Verbundenheit mit den Mitpilgern, Verbundenheit mit dem Weg.

Pilgermesse in der Kathedrale, zurück zum Gîte, reichhaltiges Frühstück mit Müsli und schon geht's um neun Uhr per Bus Richtung Heimat. Eine letzte gemeinsame Mittagshore mit Bernd und Bruder Jakobus, ein letztes gemeinsames Singen unserer Pilgerlieder und kurz nach 18.00 Uhr setzt mich der Bus am Singener Bahnhof ab, wo ich vor lauter Eile in den falschen Zug nach Karlsruhe springe. In Villingen-Schwenningen kann ich aber wieder nach Rottweil und von dort nach Stuttgart umsteigen, wo ich schließlich um 22.30 Uhr ankomme.

Für mich bedeutet der Pilgerweg Seyssel – Le Puy einen ganz persönlichen, inneren Weg. – Die wunderbare, abwechslungsreiche Landschaft war jeden Tag aufs Neue ein Geschenk, auch die Gruppe nahm ich dankbar wahr, aber das Hauptsächliche spielte sich in meinem Innern ab und nahm mich in Beschlag. Ich hatte viele Probleme und Fragen auf den Weg mitgebracht und gleich morgens nach dem Aufbruch machte sich mein Inneres an die Arbeit. Je nachdem, was sich innen abspielte, war mein Gehen mal energievoll, kräftig ausholend, ja fast aggressiv – meine Wut, Ärger, Enttäuschung ... wurden ausagiert. Dann wieder war mein Schritt langsam, zäh, ich konnte einfach nicht mehr weiter, war wie festgenagelt, sowohl geistig, emotional als auch körperlich. Dann gab es Zeiten, da war ich einfach in meinem Rhythmus. Nach vier Tagen Pilgern fuhr ich nach Freiburg, um einen anderen, für mich sehr wichtigen Weg, den der Arzneimittelprüfung, abzuschließen. Wir verrieben *Aurum metallicum* (Gold), das für den Vater (Gott) und den Selbstwert steht. Durch die tagelange meditative Auseinandersetzung mit dieser Thematik und Kraft vertiefte sich mein Prozess weiter. Ich war unsagbar glücklich, nach fünf Tagen von der Gruppe wieder freudig aufgenommen zu werden und meinen Weg weitergehen zu dürfen. Hätte ich jetzt in meinen Alltag zurück müssen – undenkbar. Was für ein Geschenk: den ganzen Tag in Gottes herrlicher Natur laufen zu können, sich um nichts sorgen zu müssen, sich selbst und Gott näherzukommen! Ich war mehr bei mir und konnte dadurch die anderen mehr sie sein lassen und war dankbar, dass sie mich Ich sein ließen. Die einsamen und gemeinsamen Stationen, Andachten, Lieder, Gebete, Psalmenlesungen etc. gaben weiteren Raum für die persönliche Begegnung mit Gott. In Le Puy angekommen fehlten mir fünf Pilgertage. Ich hatte mich noch nicht sattgepilgert und mein innerer Prozess war noch nicht abgeschlossen – aber ich war mir, meiner dunklen Seite und Gott so viel nähergekommen.

Nachtrag: Kurz nach zehn Uhr am Pfingstmontag sollte mich der Zug von Beuron nach Ulm bringen. Einige Minuten waren Zeit zum Umsteigen in den ICE. Schaffe ich das mit meinem halblahmen Knie? Ich hatte etwas Sorge. Der Zug in Beuron kam mit leichter Verspätung, der ICE in Ulm auch, ich schaffte es bis Augsburg. Dort fuhr mir dann der Anschluss nach Peißenberg vor der Nase weg. Die Abfahrtszeiten am Aushang zeigten den Anschluss in eineinhalb Stunden, das kann nicht sein. Ich ging auf zwei Beamte der Bahn zu (an ihren roten Käppi und Mütze zu erkennen). Auf meine Frage nach dem nächsten Zug nach Weilheim-Peißenberg musterte mich der mit dem Käppi und stellte im gemütlichen Augsburger Dialekt die fachmännische Frage: »Send des Wanderstecka oder Teleskopstecka?« »Wanderstöcke.« »Was isch no der Unterschied?« »Teleskopstöcke haben ein Gelenk.« »Aha, do muas i mi im Sportgeschäft erkundiga. Wo wollet sie hie?« Zwischenzeitlich fuhr ein ICE ein, der mit der Mütze musste Dienst schieben, gab meine Frage an den Kollegen weiter. »Mach du des.« Der zog seinen Fahrplan aus seiner Diensthose, studierte ihn kurz und gab mir Auskunft. »Um 14.00 Uhr geht ein Zug nach Weilheim, bloß wia se von do weiterkommet, stoht net drin.« Er mustert mich kurz von oben bis unten. Dann: »So wia sie beinand send, kennet se des au loffa.« Ha, ha (zwölf bis 15 Kilometer), der hatte mich nicht hatschen sehen. Nett fand ich es allemal. Er traute mir einiges zu.

Nach der Frühmesse im Karmel geht es gegen halb zehn los Richtung Heimat. Wie am Vorabend im Mädchenzimmer beschlossen, beglücken wir unsere Fahrer ab und an mit himmlischen Gesängen. Nachdem wir während der Pilgerschaft nicht allzu oft Bernds schönes Liederbuch nutzten, hatten wir ausgemacht, nun das ganze Büchlein einmal von vorne bis hinten durchzusingen. Es ist uns gelungen und wir werden auch nicht aus dem Bus geschmissen. Na denn, Ultreia!

Beim Frühstück staune ich erst einmal, wie proper wir auf einmal wieder aussehen: Fast jeder hatte in seinem Rucksack noch saubere Reisekleidung deponiert! Vor der Abfahrt besuchen wir noch die Pfingstmesse bei den Karmeliterinnen, die für mich unsichtbar in einer Seitenkapelle teilnehmen. Dann geht's zurück, zunächst lange Stunden über die Landstraße (mit Polizeikontrolle) nach Le Puy, danach Autobahn. Wir machen nur wenige und kurze Pausen, hauptsächlich wegen Fahrerwechsel, und wollen jetzt schnell heimkommen. Irgendwie sind wir alle ziemlich ruhig, sinnieren, lesen, schlafen oder unterhalten uns leise. Eigentlich wollen wir das Liederbuch ja noch von vorne bis hinten durchsingen, aber der Gesang wird ziemlich dünn, weil die Kommunikation zwischen Vorder- und Hinterbus nicht klappt. Und einige Lieder eignen sich ja auch nur für die passende Gelegenheit in der Kirche. – Mir geht viel durch den Kopf, immer wieder sehe ich den Weg vor mir. »Ich gehe auf den Jakobsweg, um Gott neu zu erfahren …« In diesem Jahr hat es mich voll getroffen.

Es ist Pfingsten geworden! Und erst nachdem wir, wie es sich gehört, mit den alten Karmelitinnen von Figeac Messe gefeiert haben, brechen wir auf zur langen, langen Rückfahrt über Le Puy, vorbei an Genf bis nach Beuron. Alle gesund und gestärkt zurück. Der heilige Jakobus hat geholfen! Möge er auch weiterhelfen, damit wir in einem Jahr den roten Faden der Jakobspilgerschaft hier wieder aufnehmen können.

Wir müssen früh aufstehen, nach dem Frühstück fahren wir in der Morgendämmerung durch das Land bis zur Autobahn, die teilweise am Mittelmeer entlangführt. In der Ferne sehen wir die schneebedeckten Gipfel der Pyrenäen.

Die Fahrt wird lange dauern, deshalb stehen wir bereits um fünf Uhr auf, bemüht, unsere Mitpilger, die noch schlafen wollen, nicht zu sehr zu stören. Aber beim Frühstück in ihrem Schlafraum sitzen wir schließlich doch alle zusammen, die Franzosen eben im Schlafanzug. Herzliche Verabschiedung im Hof, dann fahren wir los. Nach einer Stunde kommen wir auf die Autobahn, erhaschen einen Blick auf Carcasonne und später das Mittelmeer bei Narbonne, dann geht es wieder nach Norden. Wir umfahren Lyon, durchqueren Genf und die Schweiz und sind nach 16 Stunden wieder heil in Beuron. Kompliment an unsere professionellen, sicheren und immer freundlichen Fahrer Erich und Arno.

Die Rückreise ist für mich eigentlich eine gute Zeit zum Nachdenken, Ausschwingen und Loslassen. Die Beine freilich wollen weiterlaufen und fühlen sich wie pralle Euter an, die nicht gemolken werden. Die verschiedenen Landschaften ziehen vorbei. In der Ferne die Schneeberge der Pyrenäen, die Wasserfläche des Mittelmeers, das Rhônetal, der Genfersee, der deutsche Zöllner mit seiner Prüfung der Fahrtenschreiber, schließlich der Ausstieg von Bernd in Stockach und die Auflösung der Gruppe in Beuron. Georg und Margret, Irmengard und Barbara bleiben noch eine Nacht. Hans hat bereits am nächsten Morgen wieder Dienst, die Pilgertoilette am Beuroner Klosterparkplatz muss geschrubbt werden. Auf mich wartet das Büro des Gästepaters. – Für einige Tage vergesse ich die ganze Pilgerei dieses Jahres und muss danach recht mühsam Tag für Tag den Weg und seine Stationen im Gedächtnis rekonstruieren. Je größer der Abstand wird, umso schärfer wird dann meine Erinnerung. Eine merkwürdige Erfahrung.

Bei einsetzender Morgendämmerung Aufbruch, wir sehen das Mittelmeer und zum ersten Mal die Pyrenäen – ein bewegender Moment. So sehe ich mich in fünf Jahren schon regelrecht engelsgleich in Santiago de Compostela einschweben. –

Apropos Last: Das Riesentrumm von Salatgurke aus Lectoure wollte auch heute niemand mitessen. Und so schleppte ich sie lange mit mir herum – zuletzt habe ich sie im Zug auf der Fahrt von Beuron nach Stuttgart gesehen, aber als ich mir nach meiner Ankunft daheim endlich einen Gurkensalat machen wollte, war sie weg. Sie muss mir irgendwann unbemerkt heruntergefallen sein und ich nehme mir vor: nie wieder Pilgergurke!

Spätabends fahren wir mit dem Nachtzug sehr komfortabel im Schlafwagen nach Paris. Der Bahnhofswechsel vom Gare d'Austerlitz zum Gare de l'Est klappt wunderbar und kurz vor 17.00 Uhr sind wir in Stuttgart, wo wir uns endgültig trennen.

Dann 18 Stunden Zugfahrt … Eine lange Zeit, um sich im »Nichtstun« zu üben. Als ich endlich zu Hause bin, kommt es mir vor, als sei ich nur mal kurz weg gewesen. Der Alltag hat mich schnell wieder im Griff. Der Körper erinnert mich aber noch heute an den diesjährigen Weg. Ich verstehe aber immer noch nicht, was er mir sagen will. Da muss ich wahrscheinlich bis zum nächsten Jahr warten.

Unser letzter Pilgertag, den wir im Zug verbringen, hat begonnen. Irgendwie freue ich mich auf die lange Zugfahrt. So kann ich ganz allmählich zurück in den Alltag, in mein räumliches Zuhause kommen. Die Wartezeit im Bahnhof von Paris verbringe ich nach einem warmen Tee »pilgernd«. Ich brauche Bewegung, ehe wir wieder weiterfahren. Auf ruhigeren Gleisen lässt uns der Zug durch die Landschaft ziehen. Ich will meditieren. Stelle aber nach eine Weile fest, dass ich selig geschlafen habe. Lese im Buch von Jakobus mit dem Titel: »Unterwegs mit Gott«. Manches überlese ich, anderes hält mich zum Nachdenken fest. Mein Nachdenken entgeht Jakobus nicht. Wir führen ein religiöses Gespräch über die unterschiedlichsten Möglichkeiten, bei Gott zu sein. So gleite ich durch die vielfältige, abwechslungsreiche Landschaft und plötzlich sind wir schon in Stuttgart. Hier muss ich mich mit etwas Wehmut von den meisten der mir lieb gewonnenen Mitpilger verabschieden. Mit Jakobus fahren Georg und ich weiter nach Beuron, wo wir noch eine Nacht bleiben. Die letzte Wegstrecke scheint mir die längste der ganzen Zugfahrt zu sein. Im Kloster werden wir herzlich empfangen, genießen das für uns bereitgestellte Abendessen, trinken mit Hans noch gemütlich eine Flasche Wein und erzählen von unseren Pilgererlebnissen. Nach einem ausgiebigen Duschen, das ich bitter nötig habe, kommen die Lebensgeister wieder. Ich schreibe meine letzten Pilgereindrücke in mein Tagebuch und kann so langsam, wie ich es benötige, mein erstes Pilgern abschließen. Das Erlebte zieht wie im Film an mir vorüber. Ich bin selig und dankbar, dass ich dies alles erleben durfte. Bin mir aber auch über die Schwierigkeit des »Pilgerns« im Alltag bewusst. – Freue mich auf morgen. Fritz wird mich wieder in unser Zuhause abholen.

So geht dieser letzte Tag unserer Pilgerschaft auf dieser Etappe am Bahnhof von Burgos zu Ende. Und am Himmel im Westen zeigt sich uns die dünne Mondsichel über dem Abendrot zu Abschied. Zurück geht es wie geplant mit dem Nachtzug nach Paris, dort nach etwas Aufenthalt weiter mit dem Eurocity nach Stuttgart, wo wir uns voneinander verabschieden. Stuttgart wird Deutscher Fußball-Meister, während ich mit Margareta und Br. Jakobus auf den ICE nach Tuttlingen warte. Am Samstagabend gegen acht Uhr kommen wir zurück zum Kloster Beuron – unserer »Heimatpfarrei«, wo die Pilgerschaft begonnen hat. Diese Art des Zurückkehrens gehört zum Pilgern dazu. Mit Hans erzählen wir an diesem Abend noch lange bei einer Flasche Rotwein. In meinem Zimmer (St. Cäcilia) schlage ich am Sonntagmorgen die Bibel auf und mein Blick fällt auf den letzten Psalm, Psalm 150:

Halleluja! Lobet Gott in seinem Heiligtum,
      lobt ihn in seiner mächtigen Feste!
Lobt ihn für seine großen Taten,
      lobt ihn in seiner gewaltigen Größe!
Lobt ihn mit dem Schall der Hörner,
      lobt ihn mit Harfe und Zither!
Lobt ihn mit Pauken und Tanz,
      lobt ihn mit Flöten und Saitenspiel!
Lobt ihn mit hellen Zimbeln,
      lobt ihn mit klingenden Zimbeln!
Alles, was atmet,
      lobe den Herrn!
      Halleluja!

Im Hochamt hält P. Benedikt eine lange Predigt über die Einheit der Kirche. Aus seinen Worten spricht lebenslange Erfahrung. Es gibt nur einen Grund für die Einheit der Kirche: Jesus Christus. Amen.

Unterwegs nach Santiago de Compostela

Helfried Weyer / Renate Weyer
Jakobsweg
Zauber und Faszination des Camino in großformatigen
Panoramabildern
192 Seiten, Gebunden mit Schutzumschlag
ISBN 978-3-451-32660-8
Helfried und Renate Weyer nehmen den Betrachter mit auf einen
Jakobsweg der Farben, der Weite, des kleinen Details am Wegrand.
Ein Muss für alle, die sich von der Faszination Jakobsweg begeistern lassen.

Ulrich Wegner
Der Jakobsweg
Auf der Route der Sehnsucht nach Santiago de Compostela
266 Seiten, Pappband
ISBN 978-3-451-28018-4
„Ein Prachtband, ein besonderer Bildband für Menschen, die unterwegs
sind, mit einem Ziel vor Augen und der Sehnsucht im Herzen" (FAZ)

Kurt Benesch
Santiago de Compostela
Als Pilger auf dem Jakobsweg
176 Seiten, Pappband
ISBN 978-3-451-32197-9
Dieser kulturgeschichtliche Reisebildband gibt ein facettenreiches Bild von
der Geschichte und der lebendigen Gegenwart des Jakobswegs.

Andreas Drouve
Lexikon des Jakobswegs
Personen – Orte – Legenden
192 Seiten, Pappband
ISBN 978-3-451-28877-7
Das Lexikon umfasst Personen, Orte, historische Ereignisse und Legenden,
architektonische Sehenswürdigkeiten und sonstiges Wissenswerte rund um
den Jakobsweg sowie über 100 vierfarbige Abbildungen und Karten.

HERDER

Andreas Drouve
Die Wunder des heiligen Jakobus
Legenden vom Jakobsweg
176 Seiten, Gebunden mit Schutzumschlag
ISBN 978-3-451-29359-7
Der Autor erzählt die schönsten Wunder- und Weggeschichten, mit vielen Abbildungen und Informationen zum historischen Hintergrund der erzählten Geschichte.

Andreas Drouve
Segensworte vom Jakobsweg
96 Seiten, Pappband
ISBN 978-3-451-32110-8
Mit stimmungsvollen Fotografien des Autors ist ein Begleitbuch entstanden, das nicht nur für Jakobsweg-Pilger ein wertvolles Geschenk beim Aufbruch oder zur Rückkehr ist.

Kurt Benesch
Die vier Wege nach Santiago de Compostela
Geschichte eines Schicksalswegs
Band 6034
Kurt Beneschs Reisebegleiter schildert Geschichte, Idee und Gegenwart des Schicksalswegs.

Andrea Schwarz
Die Sehnsucht ist größer
Vom Weg nach Santiago de Compostela.
Ein geistliches Pilgertagebuch
Band 5756
Andrea Schwarz hat sich auf den Weg nach Santiago de Compostela gemacht und über die vielen Begegnungen, Eindrücke und Erlebnisse ihrer wochenlangen Wanderung Tagebuch geführt.

HERDER

Jakobsbibel
512 Seiten, Kunstleder mit Leseband
Mit Goldprägung auf der Vorderseite
und auf dem Buchrücken
ISBN 978-3-451-32250-1
Diese wunderschöne Auswahlbibel mit anregenden Texten zum Jakobsweg
entspricht in Ausstattung und Inhalt genau den Wünschen der Pilger und
allen Menschen, die viel unterwegs sind.

Impressionen vom Jakobsweg
Aufstellbuch
Hg. von Beate Vogt
240 Seiten, Spiralbindung
ISBN 978-3-451-32126-9
Fotografische Impressionen vom spanischen Jakobsweg, seinen
unverwechselbaren Landschaften, Brücken, Kirchen und Klöstern,
zusammengestellt mit Impulsen zur Geschichte und Stimmung des Weges.

Kurt Rainer Klein
Du bist unser Weg
Gebete, Meditationen und Impulse für unterwegs.

Das Pilger-Werkbuch
192 Seiten, Flexcover mit Leseband
ISBN 978-3-451-31037-9
Ausgearbeitete Programmvorschläge komplettieren das Buch und machen
es zu einem unverzichtbaren Standardwerk.

Roland Breitenbach
Pilgern
Den eigenen Weg finden
Band 6061
Immer mehr Menschen pilgern – der Weg wird zum Bild für das Leben.
Ein Buch über die ungeahnten Potenziale des Unterwegsseins.

HERDER